ADENTRO

MEMORIAS DE UN ALQUIMISTA INTERIOR

por

ALEX KROLL

sentir sus enseñanzas como si estuviéramos en los zapatos del autor. Y eso te mantiene enganchado a su lectura.

Conozco a Alex desde hace años y, precisamente por ese viaje tan profundo hacia el interior que ha recorrido, le considero un maestro, del cual he aprendido mucho. La lectura de este libro me ha enriquecido, tanto por poder conocerle mejor como por sentir la experiencia directa de que es posible transformar nuestra vida desde la consciencia. Es posible tomar el bloque de arcilla en el que muchos nos hemos convertido e ir cincelándolo hasta quitar todas las capas que se nos han ido creando, para llegar hasta ese núcleo luminoso que te permite brillar, sentir, percibir y aumentar tu voltaje hasta niveles inimaginables.

Somos capaces de muchísimo más de lo que se nos ha enseñado o hecho creer. Somos capaces de desbloquear habilidades, capacidades y maneras de ser que no solo nos transforman a nivel profundo, sino que pueden transformar a miles de personas a nuestro alrededor.

Tenemos mucho más poder del que algunos querrían que tuviéramos. Los límites hacia adentro son infinitos porque somos parte del todo, un fractal del universo, y la puerta hacia el mismo está adentro. Está aguardando en las profundidades, paciente, a que decidamos girar el pomo y observar.

Puede que sientas temor, puede que te sientas incapaz o puede que no lo sientas posible. Pero todo esto son bloqueos de nuestro ego-personaje, que trata de sobrevivir por medio de mantener las cosas en el mismo estado en el que se encuentran.

Porque sí, el viaje hacia el interior conlleva que una parte de nosotros se deshaga, se disuelva o difumine. Pero a cambio, nuestro verdadero ser se expande y crece de manera espectacular.

Ese es el viaje del héroe, de la heroína, ese es el viaje de cada persona, ese es el viaje de nuestro maestro interior. Y es el viaje que nos narra, para que podamos entenderlo, Alex Kroll.

Feliz viaje.

Rubén JIMÉNEZ RODRÍGUEZ, autor del *El Sendero*

Estimado lector, estimada lectora:

Vivimos en un mundo que refuerza la consecución de objetivos y la búsqueda constante de respuestas a preguntas preestablecidas: como si el camino a recorrer por las personas en esta vida fuese siempre similar. Esto puede ser útil en muchas circunstancias, pero este libro, *Adentro*, requiere que dejes de lado el método habitual de investigación y cualquier idea preconcebida que puedas tener. Al avanzar por sus páginas, te animo a que te abras a la experiencia a medida que se desarrolla y permitas que te lleve por donde vaya fluyendo. Puede que surjan ideas y sentimientos inesperados. Confía en que estas ideas te llegarán si te dejas llevar y abres tu receptividad. Después de todo, adentrarse en lo desconocido es una aventura, y la sabiduría se adquiere cuando añadimos asombro y gratitud a nuestro conocimiento.

Todos los nombres han sido cambiados para proteger la privacidad de las personas que aparecen en este relato. Solo los que incluyen apellidos son reales.

ÍNDICE

CAPÍTULO 1

MI ADICCIÓN A LAS DROGAS Y MI PRIMERA CRISIS EXISTENCIAL

Año 2000, a la edad de treinta años

Todo empezó en Ibiza, la pequeña y conocida isla española, una joya que brilla en el mar Mediterráneo. Una isla con dos caras contrastadas. Por un lado, están las increíbles playas de arena y las calas escondidas de aguas cristalinas que promueven el descanso y el bienestar. Por otro, la animada escena festiva, con sus excepcionales DJ de fama internacional que ofrecen su mejor música electrónica día y noche, sin parar, durante los cuatro meses que dura la temporada de verano.

Las dos partes funcionan muy bien juntas. A la gente le encanta bailar, relacionarse en la escena turística multicultural, tener aventuras amorosas, sexo, sentirse salvaje y libre. La energía reponedora de los rayos del sol, las refrescantes aguas transparentes y las delicias de la cocina mediterránea están a su disposición.

En resumen, un paraíso.

Cuando tenía poco más de treinta años comenzó el verano del año 2000, que para mí sería crucial. Había visitado Ibiza unos años antes, me encantó y establecí mi residencia en este paraíso. No en ningún paraíso fiscal, sino en mi propio mundo celestial, tal y como yo lo veía en aquel momento.

Mi mundo celestial era el de las drogas y la adicción. Me sentía increíblemente feliz. Me ayudaba a escapar del sufrimiento, del dolor y de la enfermedad durante un tiempo. Encontré alivio en la sensación transitoria de felicidad y en la paz que encendía la MDMA (éxtasis).

Una tarde, como muchas otras, había estado bailando durante las últimas doce horas. Estaba en una de las discotecas after-hour: las redes colgantes de sus terrazas al aire libre protegían a la multitud de los implacables rayos del sol, así que no había necesidad de dejar de bailar. El ritmo del club es la *crème de la crème* de la música electrónica, los mejores DJ pinchan sonidos increíbles y el ritmo continúa hasta bien entrada la tarde.

De repente, mi mundo se volvió negro: perdí el conocimiento y me desplomé sobre la pista de baile. Un desmayo. Lo siguiente que recuerdo es que estaba fuera de la discoteca, en el aparcamiento, rodeado de gente, incluido un amigo que me dio una botella de agua que me bebí de un trago. Me sentía desorientado, mareado y entumecido.

Le pedí a mi amigo que buscara a mi novia, Zoe, dentro del club y le dijera que quería irme a casa. Salió preocupada y sorprendida al verme en ese estado.

Me preguntó, con cuidado y curiosidad:

—¿Qué ha pasado?

—Perdí la consciencia, me he pasado. He consumido demasiadas drogas. Vámonos a casa, por favor. Mientras volvíamos a casa en nuestro pequeño Seat 500 rojo, una nube desconocida se cernía sobre mí. Me di cuenta de que había ido demasiado lejos. Después de perder quince kilos en los dos últimos años, mi jing y mis niveles de energía estaban bajo mínimos. Me sentía agotado a muchos niveles: físico, mental y sexual, debido a las largas temporadas sin comer ni dormir bien. Mis cotas de estrés también eran altas, lo que afectaba a mi rendimiento sexual.

De vuelta a casa, le dije a mi novia:

—Zoe, necesito un cambio, no puedo seguir así. Quiero dejar atrás este mundo de drogas. Ya he tenido suficiente.

—Quizá solo necesites tomarte un descanso. Yo no quiero dejar las drogas. Me siento bien y sé controlar mi ritmo —respondió.

Yo la entendía y sabía cuánto le gustaba bailar, socializar y estar colocada, con todo el alboroto que ello conlleva. Estaba claro que no quería dejar la fiesta.

Era adicto a la MDMA (éxtasis) desde hacía cinco años. Mis viajes —no solo a Ibiza, sino también a Brasil y Tailandia— me habían llevado a experimentar con todo tipo de drogas diferentes. La repentina e intensa toma de consciencia de mis acciones pasadas y de hasta dónde me habían llevado me estaba golpeando duramente tras el desmayo. En los días siguientes fui plenamente consciente de que había llegado el momento de dejar atrás este mundo de consumo de drogas, sin saber a dónde me llevaría esta nueva forma de caminar.

Para mí había sido fácil escapar de la realidad al mundo de las drogas y las adicciones. Todos los seres humanos quieren ser felices, sentir paz mental y emanar una confianza natural interna. Yo no sentía que tuviera estos rasgos positivos de forma natural, y la MDMA me los proporcionaba con facilidad, igual que cuando tomas paracetamol y el dolor desaparece milagrosamente, dejándote aliviado... durante un rato. En Ibiza hay largas colas delante de las discotecas y lo mismo ocurre en la mayoría de las farmacias de la ciudad. Largas colas: una para el placer, la otra para el dolor. Ambas son soluciones rápidas para un alivio momentáneo.

Así que estaba de vuelta en casa, desolado, descansando y con pensamientos existenciales rondándome la cabeza. Comprendí que había tocado fondo. Pensé en mi futuro y solo veía dos opciones: acabar como un adicto en el pozo de desesperación que ahora sabía que era ese mundo, o invertir en una vida mejor. Durante mis viajes, había visto a tanta gente descarrilarse con las drogas... Yo no quería acabar así. Sabía que tenía que ser sincero, honesto conmigo mismo. Mi vida ya no parecía tener sentido. Empecé a preguntarme: ¿Quién soy realmente? ¿Es esta la vida que quiero vivir? Estas profundas preguntas existenciales dieron vueltas en mi cabeza durante los días y semanas siguientes, y supe que tenía que tomar algunas decisiones importantes en mi vida. Al sentir mi cuerpo, me di cuenta de que había agotado todos mis niveles de energía. Mi cuerpo ya no podía más.

Se acabó. Puedo hacerlo. Lo dejaré todo atrás y empezaré una nueva vida. Decidí finalmente

En los días y semanas siguientes tomé algunas decisiones y cambios importantes. En primer lugar, dejé a Zoe, lo que fue doloroso para los dos. Estaba destrozado y mi inestabilidad como compañero era evidente. Decidí dejar de salir a bailar, ya que eso me devolvía al entorno equivocado. Me di cuenta de que tenía que dejar atrás las amistades íntimas vinculadas al consumo de drogas. Me comprometí a apartarlos de mi vida, de lo contrario sería imposible seguir adelante. Necesitaba un cambio de mis patrones habituales, así que también dejé mi lugar de trabajo y abrí mi propia pequeña empresa.

Fue una gran decisión, a los treinta años. Un retorno de Saturno en toda regla, astrológicamente hablando.

En aquellos días tan delicados recordé otra gran decisión que me cambió la vida cuando tenía quince años: me mudé de casa de mis padres para huir de la violencia. También entonces fui consciente de la necesidad de dejarlo todo y empezar de nuevo.

CAPÍTULO 2

La Pelea Final con Mi Padre

(Dieciséis años antes) Año 1984, a la edad de catorce años

Fui un niño y un adolescente triste. Recuerdo tantas veces no querer mirarme en el espejo... Y cómo, al pasar los años, ver los álbumes de fotos de mi infancia me resultaba doloroso. Veía a un niño triste, un rostro triste, un interior triste. Por eso, en mi adolescencia, destruí la mayoría de las fotos de mi infancia. ¿Por qué había tanta tristeza en mis primeros años? Una de las razones era mi padre. Nos maltrataba violenta y físicamente a mi hermano pequeño y a mí. Al menos una vez a la semana nos pegaba con un cable, un palo o un cinturón de cuero. Nuestros tiernos cuerpos estaban siempre llenos de moratones. Fueron muchos días de dolor, llorando y suplicándole que parara. Era una tortura para mi gran sensibilidad de niño. Todo mi cuerpo se paralizaba y temblaba de miedo.

Muchos años después, cuando empecé a sanar esas huellas traumáticas en mi cuerpo y mi psique, le pregunté a mi padre:

—¿Por qué nos pegaste? ¿Era realmente necesario? ¿Cuál era el motivo?

Mi padre me contó su propia infancia y entonces supe que él también había recibido el mismo trato violento de su propio padre. La filosofía de mi padre era que a los niños había que pegarles para enseñarles obediencia y disciplina, para que se convirtieran en miembros dignos de la sociedad. Para él, era la forma natural de educarnos, y su deber como padre era demostrar su autoridad.

Recuerdo tantos días llorando y escondiéndome en una pequeña cueva que yo mismo construí con cajas de cartón vacías en nuestro almacén, al lado de casa. Recé tantas veces pidiendo ayuda. Rezar era simplemente un mecanismo natural para mí cuando me sentía desesperado. Ni siquiera sabía a quién rezaba, pero de algún modo sentía que era a una fuerza superior. Durante esos días de dolor, me asaltaban pensamientos suicidas y pensaba en arrojarme a las vías del tren, saltar de un edificio alto o apuñalarme con un gran cuchillo de cocina.

En estos momentos vulnerables de desesperación, llorando y temblando de miedo en un rincón del almacén, experimenté una voz interior que surgía de lo más profundo de mi ser:

NO TE MATES.
NO LO HAGAS.

Esta voz interior era profunda y misteriosa a la vez. No sabía de dónde venía, pero era muy sincera y venía con gran claridad. La voz era sutil, tenía un sabor celestial y me decía:

ENCONTRARÁS LA FELICIDAD Y LA ALEGRÍA MÁS ADELANTE EN TU VIDA.

Esta voz interior fue mi salvadora en aquellos trágicos momentos y confié en ella. Era tranquilizadora. Era cariñosa. Me daba esperanza. La última pelea con mi padre fue intensa. Finalmente, le planté cara. Me defendí. Me sentí más fuerte, teniendo ya catorce años. Esta vez estaba furioso, le grité, cargué contra él y le empujé al suelo, y luego salí corriendo para esconderme. Él se sorprendió ante esta nueva reacción mía. Yo sabía que pronto vendría a por mí para continuar la pelea y ejercer su autoridad. Así que ese día hui de casa, montando en bicicleta, hasta la casa de mi amigo Tom, que vivía a cuatro kilómetros de la mía, en otro pueblecito.

A partir de ese día, tuve claro que ya había tenido suficiente. Lucharía por no volver a vivir en ese tipo de entorno y estaba decidido a encontrar un lugar donde me sintiera seguro. Me pareció una medida sensata de autopreservación: irme de casa y buscar otra familia donde no tuviera que vivir con miedo y terror.

La madre de Tom me permitió pasar la noche, pero habló con mi madre al día siguiente y tuve que someterme a la autoridad, a las decisiones adultas. Tuve que volver a casa para enfrentarme a mi padre. Esa había sido la última pelea física con él. La combinación de haber opuesto resistencia, quizás la ayuda de la madre de mi amigo hablando con la mía, y también el hecho de que poco después huyera a Múnich para trabajar como aprendiz en una pastelería, hizo que consiguiera escapar de más persecuciones.

Por aquel entonces no tenía ni idea de cómo estas dolorosas experiencias con mi padre crearían huellas traumáticas en mi psique y mi cuerpo, que más adelante afectarían a mi salud y me harían vulnerable a caer en todo tipo de adicciones, así como al peligro de perderme para siempre.

- Escribe Gabor Maté, en *El mito de lo normal: trauma, enfermedad y sanación en una cultura tóxica*:

  Y, como veremos, el trauma es un antecedente y un factor y contribuye a enfermedades y adicciones de todo tipo a lo largo de la vida.

CAPÍTULO 3

El Peligro del Opio y de Perderse Para Siempre

Avanzo quince años, hasta 1999, tengo veintinueve años

Unos meses antes del incidente del desmayo en la pista de baile de Ibiza, había estado viajando por Bali y Tailandia con mi novia Zoe.

Empezamos a vivir en Bangkok, la capital de Tailandia, durante un mes. Qué ciudad tan increíble, maravillosa y diversa, tanto en su naturaleza como en lo que refiere a sus habitantes. Destaca la vibración budista en todo el país, que promueve un comportamiento único entre sus seguidores, muy acogedor. La gente ofrece comida a los pobres y a los monjes, y flores y arroz a los templos.

Hay una calidez única entre la gente y se preocupan de verdad por su salud. Es una prioridad: a primera hora de la mañana, en la mayoría de las zonas verdes de los parques se puede ver a la gente practicando Tai Chi o Chi Kung, que son movimientos específicos coordinados con la respiración profunda, orientados a facilitar la salud y el bienestar.

Zoe tenía muchas ganas de aprender masaje tailandés y yo me sumergí en el entrenamiento diario de Muay Thai, el kick boxing al estilo tailandés. Me encantaban los ejercicios, los estiramientos, aprender los movimientos y jugar a pelear con los demás en la sala. Al cabo de tres semanas, me invitaron a pelear de verdad en el ring. Yo era muy inocente.

Subí al ring a jugar, pero mi oponente tenía otras ideas. Su primer puñetazo me tiró al suelo. Enfurecido, me levanté para recibir otro puñetazo en la cara. No hace falta decir que no me sentí bien. Era como estar entumecido física y mentalmente, una pérdida total de claridad mental. Fue mi último día de Muay Thai. Este tipo de agresividad, incluso dentro del deporte, no me gustaba nada.

Dejamos Bangkok y llegamos a una isla de arena increíblemente hermosa llamada Koh Tao. Cogimos un bungalow junto a la playa y disfrutamos haciendo snorkel durante el día. Entre las muchas personas diferentes que conocimos durante nuestra estancia, destacó especialmente un tipo de Londres que nos habló de un lugar donde podíamos experimentar la máxima relajación y paz. Un lugar de opio.

Me intrigó el comentario de este chico sobre la búsqueda de la paz, porque mi cuerpo y mi mente siempre habían estado inquietos. Buscaba relajación para mi cuerpo y paz para mi mente. También recordaba el libro que había leído hace tiempo de Oscar Wilde, *El retrato de Dorian Gray*, en el que narraba sus profundas experiencias con el opio. Me generó aún más interés saber que Dorian Gray desapareció durante varios días cuando estaba en sus viajes de opio en los muelles del puerto de Londres.

Así que la curiosidad y la búsqueda de la paz interior me hicieron preguntarle a Zoe:

—¿Vamos? Me encantaría probarlo, ¿quieres venir?

Ella dudaba un poco, pero al final decidimos probar. Ese día, después de desayunar, fuimos a buscar el lugar. Estaba en lo alto de la colina, con vistas a la playa y al horizonte azul. Servían zumos de fruta increíbles y una gran variedad de platos de pescado. A un lado había una zona chill out con hamacas y grandes tumbonas para relajarse y disfrutar de la suave brisa y las impresionantes vistas.

Cuando llegó el camarero, pregunté:

—¿Qué nos recomienda hoy?

Me dio una lista de sugerencias, a lo que respondí:

—He oído que tienen batidos de opio, ¿dónde puedo encontrarlos en el menú?

Nos enseñó la sección en la que había una gran variedad de sabores, todos mezclados y batidos con opio.

—Quiero el de fresa, por favor.

Zoe eligió el de plátano.

El sabor era extremadamente amargo. Ahora entendía por qué los servían mezclados con fruta dulce en un batido, para ayudar a disimular el sabor. Tardamos un rato en beberlo todo.

Disfrutamos de las vistas al mar y de la tranquilidad durante un rato. Entonces empecé a sentir movimientos extraños en los intestinos y también en la cabeza. Me levanté, me tambaleé hasta el baño justo a tiempo y vomité. Tardé unos minutos en sentirme mejor.

—¿Cómo te encuentras? —me preguntó Zoe.

—Un poco mejor, pero necesito descansar —le respondí. Le dije al camarero que necesitábamos tumbarnos un rato en la zona chill out. Nos llevó allí, nos dio dos camas y nos dijo: —Avisadme si necesitáis bebidas o cualquier otra cosa.

Me tumbé, cerré los ojos y, durante las cuatro o seis horas siguientes, me quedé absorto, experimentando una dicha celestial y la paz suprema. En mi Espacio Interior de consciencia se abrían enormes vórtices. Viajaba por autopistas tridimensionales llenas de mandalas y formas geométricas. Mi consciencia se agudizaba y viajaba arriba y abajo como una montaña rusa en caída libre y giros de trescientos sesenta grados. Estos paisajes interiores estaban llenos de colores, formas y sonidos que aumentaban la sensación de trascender el tiempo, y de esa paz y dicha que tanto me faltaba sentir.

Al descubrir estas esferas gigantescas, galaxias lejanas se abrieron en mi visión interior, sugiriéndome una comprensión más profunda de la belleza de nuestro universo. Era por allí por donde sentí que viajaba: por el universo. El tiempo ya no importaba. El mundo ya no importaba. Ya nada importaba. Todo mi cuerpo y mi psique estaban llenos de paz y dicha supremas. Era el estado que anhelaba profundamente.

Al volver lentamente a la consciencia desde mi estado de éxtasis, me sorprendió una paz interior en mi cuerpo, mis nervios y mi mente como nunca antes había experimentado en mi vida. Y, por supuesto, quería más.

Zoe estaba despierta a mi lado, mirando el océano.

—¿Estás bien? ¿Cómo te ha ido? —le pregunté.

Me dijo que estaba bien y que le gustaría hablarme de su experiencia un poco más tarde. Me llevó un rato darme cuenta de que había estado fuera casi medio día.

Me dije a mí mismo: *Ya está. He encontrado la planta adecuada que se adapta perfectamente a mí.* Toda la tarde me sentí superrelajado. Me encantó ese estado de despreocupación y la sensación de libertad que conllevaba. Al día siguiente, cuando nos despertamos, quería volver al lugar del opio y vivir otra experiencia profunda de dicha y paz interior.

—No, no vayamos, no me gustan este tipo de viajes. Es demasiado peligroso a largo plazo. Podríamos perdernos para siempre —insistió Zoe.

Me sorprendió que no quisiera repetir la experiencia como yo.

—Ayer vi a la gente en el bar de opio y estaban muy lejos, estaban perdidos, se habían ido para siempre, ¡no quiero que nosotros acabemos así! —exclamó ella.

Me decepcionó y me sorprendió su reacción. Personalmente, me entusiasmaba la idea de repetir esa experiencia de paz interior y felicidad. Quería ser una persona más feliz, tener esa profunda sensación de bienestar a todos los niveles, sin haberla conocido nunca en mi vida desde mi más tierna infancia hasta aquel momento presente.

Sin embargo, acabé escuchando a Zoe y decidí abandonar la idea. Muchos años después, tengo que agradecerle profundamente su sensata decisión. Si hubiera estado solo, podría haber seguido fácilmente el camino del «dichoso durmiente», para no volver nunca a la tierra de los vivos.

Por otra parte, toda la experiencia del opio despertó en mí una especie de creatividad. Podía verme a mí mismo dibujando mi propia visión personal, utilizándola como el famoso artista y pintor Alex Gray, que pintó sobre lienzo sus experiencias únicas y excepcionales con la ayahuasca. Me hizo reflexionar sobre el por qué o cuándo había perdido mi creatividad, y fue años más tarde —escuchando a sir Ken Robinson— cuando llegué a comprender lo que había sucedido.

CAPÍTULO 4

La Escuela Mata la Creatividad y Fomenta el Acoso Escolar

Retrocedo dieciséis años, hasta 1983, a mis trece años de edad

Dejé de llorar a los trece años.

Sir Ken Robinson, pedagogo, gran autor y orador asombroso, ha sido una de mis figuras de inspiración en los últimos años. Entre sus enseñanzas, destaco ahora la que atañe al desarrollo de la creatividad. Robinson sostiene que, durante la infancia, tenemos en nuestro interior gran pasión y creatividad, pero nuestro sistema educativo las mata. Los niños y niñas rebosan imaginación, vitalidad, alegría e inteligencia emocional, pero los adultos aplastamos estos rasgos, estas potencialidades con nuestras ideas de cómo debe ser la vida.

Demos a la infancia el patio de recreo adecuado y florecerá como semillas que, en las condiciones adecuadas, se convertirán en árboles grandes y fuertes. Estoy de acuerdo y recomiendo encarecidamente todas sus enseñanzas.

En la escuela no tuve un patio de recreo que me animara a crecer con confianza, inspiración y creatividad. En lugar de un profesorado comprensivo que compartiese sus conocimientos, fui machacado y humillado muchas veces por mi profesor principal desde los once hasta los quince años. Fue otro triste episodio de mi vida que marcó profundamente mi personalidad. Para mí, la escuela era una especie de castración y un centro de obediencia. No me llevaba muy bien con la escuela.

Durante las clases, prefería mirar por la ventana los árboles y las hojas que se movían con el viento. Me encantaba observar las nubes, cómo se movían, cómo formaban y volvían a formar nuevas figuras. Estos elementos naturales me daban un poco de paz y consuelo. Por aquel entonces, no sabía nada del poder de la contemplación y, sin embargo, de joven, me resultaba beneficioso contemplar la belleza que me rodeaba.

Había una chica en clase que me gustaba mucho, y la miraba del mismo modo que contemplaba las hojas y las nubes. De vez en cuando, ella se daba cuenta de mi mirada y me la devolvía. Yo era tímido y volvía la cabeza hacia abajo o hacia otro lado para evitar la vergüenza. La admiraba. Me alegraba el día, simplemente poder mirarla durante la clase era un regalo. Nunca nos acercamos lo suficiente como para hablar mucho porque yo era muy tímido, me sentía avergonzado y no estaba a gusto con mi cuerpo. No me sentía atractivo ni guapo de ninguna manera, ni seguro de mí mismo.

Pues sí, estos son los únicos recuerdos positivos de mi época escolar.

La filosofía de aquel profesor era que la vida era dura, había que tomársela en serio y no se trataba de divertirse. Yo, en cambio, confiaba en que la mía estaba para jugar, disfrutar y explorar el mundo, correr aventuras y encontrar un trabajo que me gustara. Nos dijo que la mejor época de nuestras vidas era cuando éramos jóvenes y asistíamos a la escuela, sin estar todavía atados a un empleo y a responsabilidades. Su perspectiva era que, una vez que dejáramos la escuela y saliéramos al mundo laboral, nuestra vida estaría decidida y tendríamos que aprender a obedecer y a soportar las dificultades.

Yo no lo entendía. Cada vez que mencionaba esta filosofía de vida yo pensaba: ¿De qué está hablando? ¡Eso no puede ser verdad! ¡No estoy de acuerdo! ¡No seguiré este camino!

Ni que decir tiene, mi profesor y yo tuvimos frecuentes enfrentamientos. Hubo muchas ocasiones en las que le levanté la voz y me castigó sin discutir. Me pasaba los fines de semana escribiendo a mano páginas A4. Así eran nuestras interacciones:

—Kroll, ¡dos páginas!

—¡No estoy de acuerdo!

—¡Kroll, cuatro páginas!

—Pero eso no es justo.

—Kroll, ¡seis páginas!

—¡No lo haré!

—Kroll, ¡ocho páginas!

Y así sucesivamente. Algunos fines de semana tenía que escribir dieciséis páginas A4 como castigo.

Un día, simplemente no pude soportar más su humillación delante de mis compañeros de clase y empecé a llorar. Esa profunda dimensión sensible que llevaba dentro no podía contenerse por más tiempo. Se rio y me humilló aún más, diciendo que los chicos no debían llorar ni mostrar sus emociones. Encima, muchos de los niños de la clase se unieron a él para reírse de mí. Algo se bloqueó en mi interior. Mi corazón, mi pecho, todo mi ser se cerró. A nivel emocional, soportar aquello era demasiado. Me encerré en mí mismo. Me sentí profundamente avergonzado.

A partir de ese día y durante los veintitrés años siguientes, fui incapaz de llorar. Tuve algunas rupturas dolorosas y sentí la necesidad de hacerlo, pero no podía. Durante las dos décadas siguientes estuve demasiado bloqueado para acceder a las emociones.

Durante mi época escolar, hubo un sinfín de situaciones en las que este profesor en concreto se metía conmigo. Recuerdo que, a menudo, durante los recreos, mientras yo corría y jugaba con otros niños, él se acercaba para sermonearme delante de ellos con su estricto tono premonitorio, diciéndome que tenía que obedecer y cumplir con su visión del comportamiento correcto:

—Kroll, tú otra vez no. ¿Por qué tienes que gritar tanto? ¿No puedes comportarte como es debido?

¡Tenía que ser serio, no alegre! ¡Tenía que obedecer, no ser salvaje! ¡Tenía que hablar con calma, no con entusiasmo!

Por aquel entonces no me daba cuenta de cuánto me estaba afectando su presencia condicionante y cuántas reacciones traumáticas estaba generando en mi psique y en mi cuerpo. Me escondía, me empequeñecía para no llamar la atención, obedecía. Y me volví más y más serio a medida que pasaba el tiempo.

Aparte de este humillante profesor de escuela, hubo otro ámbito doloroso en mi infancia y adolescencia. Fueron los abusos físicos de dos matones mayores. Vivían en el mismo pueblecito de novecientos habitantes que yo. Había muchas peleas en la parada del autobús, de camino al colegio, en el patio del colegio y en nuestro pequeño pueblo. El maltrato físico y el acoso emocional empezaron ya en la guardería y continuaron hasta que tuve unos once años.

Recuerdo muchas ocasiones en las que no quería ir a la parada del autobús ni al colegio.

Un día estaba preparando el desayuno para mis hermanos y mis padres y todo mi cuerpo temblaba de nervios y miedo. Esto paralizaba todo mi pensamiento y mi comportamiento. Cuando mis padres se fueron a trabajar y mi hermano pequeño al colegio, intenté ir a la parada del autobús, que estaba cerca. Me escondí detrás de unos árboles para vigilar a los dos matones. Mientras estaba allí escondido, todo mi cuerpo empezó a temblar de ansiedad. Olas de miedo me recorrían de arriba a abajo. Me sentía atrapado. Volví a casa y, ese día, no fui al colegio. Hubo muchos días así. No podía soportar la violencia y los abusos.

Estas experiencias de escalofríos, miedo y ansiedad en todo mi cuerpo y mi mente volvieron más tarde, cuando empecé a estar sexualmente activo. Este miedo, opresión, rigidez y nerviosismo en mi cuerpo y psique afectaron a mi sexualidad de forma perjudicial durante un periodo de al menos quince años, y se manifestaron en forma de ansiedad por el rendimiento sexual, tanto antes como durante las relaciones sexuales.

- El experto en traumas Gabor Maté, en su libro *The Myth of Normal: Trauma, Illness & Healing in a Toxic Culture*

(*El mito de lo normal: trauma, enfermedad y sanación en una cultura tóxica*), explica:

El trauma es una herida interior, una ruptura duradera o una escisión dentro de uno mismo debida a acontecimientos difíciles o hirientes.

Según esta definición, el trauma es, ante todo, lo que ocurre en el interior de una persona como consecuencia de los acontecimientos difíciles o hirientes que le suceden. El trauma no son los acontecimientos en sí. «El trauma no es lo que te ocurre, sino lo que ocurre dentro de ti» es como yo lo formulo. Piensa en un accidente de coche en el que alguien sufre una conmoción cerebral: el accidente es lo que ocurrió; la lesión es lo que perdura. Del mismo modo, el trauma es una lesión psíquica, alojada en nuestro sistema nervioso, la mente y el cuerpo, que perdura mucho después del incidente o incidentes que lo originaron, que puede desencadenarse en cualquier momento.

Cuando era adolescente, no sabía nada sobre el abuso traumático y sobre cómo estas huellas hirientes afectaban a mi comportamiento, mi sexualidad y mis niveles de intimidad con las chicas. Estaba tan nervioso todo el tiempo que me mordía las uñas hasta la piel: me dolían mucho y, a menudo, sangraban. Todo mi comportamiento de adolescente se clasificaría hoy como PTSD (Trastorno de Estrés Postraumático). Tuve muchas pesadillas de niño y, en la adolescencia, me despertaba angustiado y asustado.

Cuando tenía unos once años tuve mi última pelea con uno de los matones. Me tiré al suelo llorando. No tenía fuerzas para levantarme y defenderme. Algo en mí se rompió, mi fuerza, mi confianza, mi voluntad, mi impulso de vengarme. Me sentí totalmente derrotado, perdido, débil. Desde ese día evité a toda costa cualquier interacción física, pelea o provocación de cualquier tipo, porque me dolía, joder. Me dije a mí mismo: *No, no volveré a pelearme. Me mantendré alejado de ellos.* A partir de ese momento, evité los conflictos y las confrontaciones.

Era solo cuestión de tiempo que cayera víctima de una u otra forma de adicción para salir de este sufrimiento. Todos los momentos dolorosos que afectaron a mi cuerpo y mi mente, a mi sexualidad y mi intimidad, crearon mi adicción y mi comportamiento neurótico.

CAPÍTULO 5

PRIMER CONSUMO DE DROGAS A LOS VEINTICINCO AÑOS

Año 1995, a la edad de veinticinco años

¿Cuándo empezó la adicción?

Todo empezó cinco años antes, en una de las grandes discotecas de Ibiza, a la edad de veinticinco años. Estaba bailando con unos amigos. Eran ya las cinco de la mañana y la discoteca seguía abarrotada con unos ocho mil locos de todo el mundo. El ambiente era de éxtasis. Los DJ y la música eran excepcionales, como siempre en Ibiza. Música electrónica en estado puro.

Por aquel entonces no seguía las recomendaciones del libro *El club de las 5 de la mañana*, de Robin Sharma, en el que describe rutinas saludables seguidas por empresarios inspiradores. No me despertaba a las cinco de la mañana. Me iba de fiesta a las cinco de la mañana. En general, mi trabajo terminaba sobre las cuatro de la mañana y luego salía a las discotecas a bailar hasta el mediodía. Pero esta noche/día iba a ser diferente.

Uno de mis amigos, Adam, me preguntó:

—¿Te gustaría probar un potenciador energético?

Confiaba en él, por supuesto. Era un amigo íntimo.

—Vaya, un potenciador energético. Sí, claro que quiero probarlo —le dije.

Si me hubiera dicho: «¿Quieres probar drogas?», le habría dicho que de ninguna manera. Llevaba muchos años en la vida nocturna de Ibiza, Fráncfort y Berlín sin caer en el mundo de las drogas.

Adam me puso una cápsula verde de MDMA en la mano, allí mismo, en la pista de baile, junto con una botella de agua. Me dijo:

—Trágatela de una vez. Tardará un poco en hacer efecto.

Hice lo que me dijo y seguí bailando. Me sentí como en la película *Réquiem por un sueño*, de Darren Aronofsky, en la que las pupilas de los ojos se dilatan cuando la heroína empieza a hacer efecto. Allí estaba yo, transportado a otro mundo por ciertas fuerzas de la consciencia potenciadas por las drogas.

Mi consciencia se extendió poco a poco por toda la pista de baile. Mi energía había aumentado, tal y como Adam me había dicho. Sin embargo, era más que eso... ¡me sentía feliz!

Empecé a reírme. Sentía toda la mandíbula, los ojos, la cara y el pecho abiertos de par en par. Salté por los aires. Sentía tanta alegría... Abracé a Adam. Le di las gracias profusamente. Le volví a abrazar. No podía agradecerle lo suficiente este regalo.

Estaba en otro mundo, en el que me sentía más vivo, despierto y real que nunca. Algunas personas se sintieron atraídas por mí, porque irradiaba alegría y risas. Bailamos juntas y empecé a abrazar a todo el mundo a mi alrededor, de pura felicidad. Sentía que les motivaba con mi alegría y entusiasmo. La música me llegó desde otra dimensión. Todos los sonidos se presentaban como notas musicales que volaban a mi alrededor. Estaba dentro de un paisaje musical, un universo en el que yo era uno con los sonidos. A partir de esa experiencia, puedo comprender la filosofía de los pitagóricos de que el universo está hecho de armonías musicales y matemáticas.

Esta cápsula verde de MDMA y la consiguiente experiencia de éxtasis duraron entre ocho y diez horas. Ese día salimos de la discoteca sobre las nueve de la mañana. Conduje con Adam y otros amigos hasta la discoteca after-hour que abría a las diez de la mañana.

Mientras estaba sentado en la parte trasera de su coche, escuchando más sonidos electrónicos, me encontraba en un estado de puro éxtasis: agradecido, alegre, sintiéndome libre y con una nueva perspectiva de mente abierta. En ese momento sentí que todo en la vida era posible. Mis ansiedades, miedos y timidez habían desaparecido. Me sentía increíblemente seguro de mí mismo, radiante y empático con todas las personas que me rodeaban.

—Esto que me diste es increíble —le dije a Adam—. ¿Qué es?

—Es un potenciador energético llamado MDMA. Y es 100 % puro, lo mejor de lo mejor.

Yo solo asentí y dije:

—Guau, guau, guau.

Es interesante mencionar que la MDMA está integrada en algunas ramas de la psicología en EE. UU. y Canadá para trabajar con pacientes que sufren depresión o trastorno de estrés postraumático. Podía ver claramente cómo funcionaría, habiendo sentido yo mismo sus efectos, aunque obviamente no en un entorno psicoterapéutico.

Ese día bailé unas doce horas sin parar y me acosté sobre las cinco de la tarde sin comer nada. Solo bebí agua. Mucha gente describe el lado negativo de las drogas como malo y depresivo. Por supuesto, a mí también me afectó. Pero no tan drásticamente. En primer lugar, me sentía más relajado y en paz, lo cual era una cualidad positiva para mí porque, en el fondo de mi cuerpo y mi psique, siempre fui una persona nerviosa, ansiosa y algo tímida.

Desde la infancia, me mordía las uñas hasta que me dolían de verdad. Esa necesidad desapareció por completo con la toma de MDMA, debido al profundo estado de relajación que sentí después y también, quizás, por bailar durante muchas horas. Mis niveles internos de estrés, nerviosismo y ansiedad disminuyeron considerablemente.

Por otro lado, la razón por la que la MDMA es tan adictiva es precisamente por el impulso de querer repetir este abrumador estado de bienestar, alegría, confianza, libertad y sensación de que todo es posible. Naturalmente, yo quería más de todos estos rasgos positivos de la mente y el comportamiento.

Ese día me levanté a las nueve de la noche, me duché, me comí un bocadillo y me fui a trabajar a las diez. En el trabajo, algunos de mis compañeros sabían de mi experiencia de la noche anterior y estaban intranquilos. Mi amigo Oreste Carpi, que se preocupaba mucho por mí, me llevó aparte:

—Alex, por favor, déjalo, perdí a mi mejor amigo cuando tenía diecinueve años. Murió de sobredosis. Por favor, no sigas por este camino de las drogas.

Sentí mucha pena por su amigo perdido y me conmovió su sincera preocupación por mí. Pero le tranquilicé y le dije: —Estoy bien, no dejaré que eso me pase, puedo controlarme. Tengo que decir que era ingenuo, ignorante e inocente en esa etapa de mi vida. Hubo muchos momentos, durante los siguientes cinco años, en los que estuve completamente perdido y fuera de control.

Aquella noche trabajé hasta las cuatro de la madrugada y luego me fui directamente a la cama. Pero a la mañana siguiente, sintiéndome renovado, ya tenía el fuerte impulso de conseguir otra cápsula verde de MDMA pura y salir a bailar. Quería volver a sentir la alegría, la confianza y la sensación de que todo es posible en la vida. Cada dos noches me colocaba con MDMA y me sentía increíble.

Mis experiencias traumáticas en casa y en la escuela durante mi infancia me convirtieron en un objetivo fácil para la adicción a las drogas. Era una liberación de la desesperación que sentía hacia mí mismo. Como sociedad, debemos cuidar mucho más la educación de todos nuestros hijos e hijas.

- Bessel van der Kolk escribe en *El cuerpo lleva la cuenta: Mente, cerebro y cuerpo en la transformación del trauma*:

> *Uno no tiene que ser un soldado de combate o visitar un campo de refugiados en Siria o el Congo para encontrarse con un trauma. Los traumas nos ocurren a nosotros, a nuestros amigos, a nuestras familias y a nuestros vecinos.*

CAPÍTULO 6

ENFERMEDADES PSICOSOMÁTICAS EN LA PUBERTAD

Este capítulo transcurre en el año 1985, cuando tengo quince y dieciséis años

El acné, la psoriasis, las migrañas y el dolor de espalda crónico marcaron mi pubertad. A los quince años me mudé de casa y me fui a Múnich a trabajar como pastelero. Tenía una pequeña habitación de quince metros cuadrados en lo alto de la pastelería, que se convirtió en mi nuevo refugio durante los tres años siguientes. Fue una gran escapada de casa, me llenó de una nueva y muy bienvenida sensación de libertad. Poco a poco fui haciendo amigos en el trabajo y en la escuela de pastelería a la que asistía una vez a la semana. Con mi primer sueldo mensual me compré un pequeño equipo de música. Me encantaba la música, sobre todo bailar al ritmo de Michael Jackson.

Durante estos años llegó la pubertad, y con ella surgieron nuevos problemas. Esta vez no provenían de influencias externas como el padre, el profesor o los matones, sino del interior. Las enfermedades psicosomáticas se manifestaron en mi cuerpo: dolor de espalda crónico, migrañas, dermatitis y, más tarde, psoriasis.

Sufrí dolores de espalda crónicos en la zona lumbar y busqué ayuda profesional. Una y a veces dos veces por semana, recibía tratamiento térmico con tierra caliente, que me colocaba en la zona lumbar durante una hora más o menos. Aquello me sentaba bien, me sentía mejor durante varios días, pero luego el dolor volvía.

Además, cada dos semanas sufría terribles dolores de cabeza y solo me ayudaban los analgésicos fuertes. A veces tenía que tomarme dos y tumbarme durante bastante tiempo hasta que empezaran a hacer efecto.

Pero el problema más molesto era el de la piel. Todo empezó con la caspa en el pelo. Probé todo tipo de champús, pero no funcionaron. Más tarde, la piel seca también apareció en mi cara, cuello y parte superior del tórax. Me salieron granos y acné. Me sentía tan avergonzado de mi aspecto que me volví más tímido y mi autoestima cayó en picado.

Durante los quince años siguientes visité a muchos dermatólogos para intentar solucionar el problema. Me dieron cremas, champús y pastillas, pero nada funcionaba en profundidad. Era solo medicación para suavizar la superficie, pero no llegaba a las causas profundas. Me diagnosticaron dermatitis y, más tarde, psoriasis. Por aquel entonces, confiaba en el sistema médico y en su publicidad, en el marketing que aparecía en los medios de comunicación. Qué ignorante e ingenuo era. Esta medicina se basa en los síntomas y no en las causas. De hecho, a día de hoy, la medicina occidental desconoce la cura o el origen de la psoriasis, la migraña y las enfermedades psicosomáticas en general. Siempre me intrigó entender su origen. Los médicos me decían que podía ser nerviosismo, estrés o incluso un desorden genético.

Eso era verdad, estaba muy nervioso. No podía estar quieto ni un momento. En realidad, mi cuerpo seguía temblando de miedo, timidez y nerviosismo. Me mordía las uñas y la piel de los dedos, y mis piernas estaban inquietas. Lo único que me ayudaba a sentirme más relajado era jugar al fútbol. Quería ir a nadar a la piscina, pero era demasiado tímido y me daba vergüenza que la gente mirara mi piel roja y afectada.

Como he dicho antes, cuando era más joven evitaba mirarme al espejo, porque veía a una persona triste. Ahora, en la pubertad, evitaba mirarme al espejo porque lo único que veía era una cara enrojecida y seca con granos. Cuando hablaba con la gente y empezaban a mirarme a la piel y no a los ojos, me ponía rojo y me avergonzaba. Miraba hacia abajo o hacia otro lado.

Algunas personas me preguntaban por mi piel, lo que me avergonzaba aún más, y siempre intentaba evitar hablar de ello. Por aquel entonces surgió en mí todo un nuevo personaje «máscara» que me ayudaba a sobrellevar todas las situaciones vergonzosas. Sentir esta vergüenza, timidez y tristeza era demasiado para un adolescente. Para no sentir esas emociones, me impuse una actitud alegre y extrovertida. Fingía ser feliz.

¿No es ese el impulso básico de los seres humanos? ¿Ser feliz? ¿Estar sano?

Así que interpreté al chico feliz, alegre y seguro de sí mismo. Pero eso era solo a nivel superficial. En el mundo del coaching, existe el dicho: «Fake it untill you make it», que se traduce al español como «Finge hasta que lo consigas». Yo mantuve a ese personaje de falsa máscara de supervivencia durante más de dos décadas, hasta que sufrí una depresión grave. A la larga, este dicho no me funcionó.

Tarde o temprano, ser inauténtico golpeará al ser humano, se traducirá en enfermedad o dolencia. Anita Moorjani describe exactamente esto en su libro *Morir para ser yo*. En él documenta sus últimos días de vida, aquejada de un cáncer terminal. En su experiencia cercana a la muerte, comprendió que se había puesto una máscara toda su vida, y que justamente ese había sido el comienzo del cáncer. Cuando recobró la consciencia, la enfermedad desapareció, dejando a los médicos asombrados.

Así que aquí estoy, un joven adolescente con enfermedades psicosomáticas; tímido y avergonzado de mi piel, mi cara, mi cuello, la parte superior de mi tórax y actuando con una máscara igual que Anita Moorjani.

Todos estos rasgos psicológicos y físicos no solo me afectaban individualmente, sino también en mis relaciones con las novias. Me resultaba extremadamente difícil abrirme a las chicas. Me daba miedo y me incomodaba que acariciaran mi piel, que me tocaran. Hablar de mis problemas en torno a la sexualidad era especialmente difícil. Con todo el nerviosismo que sentía en mi cuerpo y en mi mente, mi rendimiento sexual hacía las cosas aún más incómodas.

Más adelante, comprendí el libro *La enfermedad como camino*, de Rüdiger Dahlke, en el que describe cómo nuestros problemas de salud pueden ser —y son— nuestros mayores maestros. Todos mis problemas me decían que empezara a buscar la sanación. Seguí buscando durante más de quince años en la ruta de la ciencia médica, pero sin mucho éxito. ¿Estaba buscando en la dirección equivocada?

CAPÍTULO 7

QUIEBRA Y TRASLADO A IBIZA

*Este capítulo transcurre entre los años 1991 y 1992,
cuando yo tengo veintiún y veintidós años*

Además de todas las angustias y problemas internos, creé uno externo: la bancarrota.

Después de la formación de tres años como pastelero, me fui seis meses haciendo autostop por Europa y el norte de África con un amigo (lo que podría ser otro libro, porque ese viaje está lleno de aventuras como *Las aventuras de Huckleberry Finn*). Recuerdo un momento preciso durante este viaje en el que estaba sentado en un café con mi amigo, escuchándole describir sus problemas con las chicas y la timidez que sentía. Ahí sentado, contemplando sus palabras, mi voz interior me habló. Me quedé perplejo, porque la última vez que oí esa voz fue muchos años antes, cuando escapaba de la violencia de mi padre. En este caso la voz decía:

¡ESTUDIA PSICOLOGÍA!

Me quedé estupefacto y curioso al mismo tiempo. La voz llegó con una claridad tan absoluta que me intrigó. Así que me abrí a la idea y empecé a investigar las opciones de estudio. Sabía que era lo correcto. Confié en esa voz que venía desde lo más profundo de mí.

Mis padres, con su empresa de venta de helados, huevos y alimentos congelados a restaurantes, hoteles y panaderías, no parecían muy contentos con mi vuelta a los estudios. Para ellos, trabajar para sí mismos había sido toda su vida; e incluso hoy, a su avanzada edad, lo siguen haciendo con pasión. Les encanta, sobre todo porque tratan con gente amable y es mutuamente gratificante. Con la caída del muro de Berlín, mis padres se trasladaron a Alemania Oriental y abrieron allí nuevos establecimientos. Así que su negocio en casa necesitaba ayuda y organización. Yo era el hijo mayor de cuatro hermanos, así que me pidieron que me hiciera cargo, para ganarme mejor la vida.

Me entristeció no contar con su apoyo y ayuda económica en lo que yo consideraba unos estudios que merecían la pena. Al mismo tiempo, sentía el deseo de ganar más dinero que un pastelero y de ser independiente, sabiendo que mis padres no interferirían conmigo porque estaban muy ocupados en el este.

Me hice cargo de la gestión del negocio, pero no sabía manejar el dinero. Era demasiado joven e ingenuo. El dinero entraba a raudales, pero lo gastaba el doble de rápido. Invitaba a demasiados amigos a fiestas tecno en Fráncfort y Berlín y viajaba demasiado con ellos. Tardé un año y medio hasta que el banco me denegó más préstamos y me declararon en quiebra. Por supuesto, la noticia de mi quiebra llegó a todos los confines del pueblo y más allá. Me sentí avergonzado por este fracaso. Solo quería desaparecer de este mundo. Unos meses más tarde, para empeorar las cosas, la relación con mi primer amor terminó y, con ese golpe final, me encontré soñando con escapar y mudarme a otro país.

La isla de Ibiza, en el Mediterráneo, era mi destino soñado por dos razones: la buena música y el agua salada del mar, que sería buena para mi piel.

Desde que era adolescente me encantaba escuchar buena música electrónica, me transportaba a otro mundo. Estaba en mi elemento, volando con los sonidos, los beats y los ritmos. Cerraba los ojos y nada a mi alrededor me importaba. Fluía con la música. Escuchaba a determinados DJ y canales de radio internacionales donde se presentaba nueva música electrónica. También escuchaba otros estilos, pero no tenía la profunda conexión que tenía con la música house y techno.

El otro factor importante era mi problema de piel. Sabía que estar rodeado de agua salada me ayudaría a mejorar. Siempre que mi piel sufría, yo sufría, y esto me empequeñecía, me hacía invisible y me avergonzaba. Estar en una isla rodeada de agua salada fue la fuerza motriz definitiva para dar el paso.

Así que, a los veintitrés años, dejé Alemania y me fui a Ibiza. Después de tres días en la isla sin conocer a nadie, conseguí trabajo. Ocurrió así: paseaba buscando trabajo cuando, a la puerta de una de las discotecas más populares —Pacha—, conocí a Oreste Carpi, un italiano impresionantemente alto con el pelo largo y liso. Oreste me preguntó de dónde era y qué hacía en la isla. Le dije que buscaba trabajo como bailarín y me dijo que tenía un trabajo diferente para mí vendiendo entradas para eventos, si estaba interesado en probarlo.

—¿Por qué no vienes esta noche a mi bar a probar? —me ofreció.

Yo estaba encantado. Vaya, ya se estaban abriendo las puertas.

—Sí, genial, iré. ¿A qué hora me quieres allí? —le pregunté.

—Ven sobre las diez y te presentaré a mi socio —dijo Oreste.

Conseguí el trabajo y Oreste me instruyó en cuestiones de dinero y muchas otras cosas. Se convirtió en mi mentor más atento durante los seis años siguientes y, bajo su paraguas, aprendí a hablar italiano con fluidez, aprendí a hacer la pasta más rica y a ahorrar dinero. Así empezó mi etapa de dieciséis años viviendo y trabajando en Ibiza durante la temporada de verano. ¿No buscamos en determinados momentos de la vida profesionales, maestros, ayuda y figuras inspiradoras? ¿Y no es mágica la forma en que aparecen?

Sin embargo, a los veinticinco años, después de dos en la isla, caí en la trampa de las drogas, que me llevaron a la adicción y, cinco años más tarde, al desmayo en la pista de baile.

A partir de ahí, se abrió un nuevo capítulo en mi vida. Lo invisible. El famoso poeta Rumi dice: *«Trabaja en el mundo invisible al menos tan duro como lo haces en el visible»*. ¿Qué es el mundo o reino invisible? Pronto lo experimentaría de primera mano y entendería la poesía de Rumi a un nivel completamente nuevo.

CAPÍTULO 8

YOGA Y MEDITACIÓN

Llegamos al año 2001, en el que tengo treintaiún años

Tras mi colapso en la pista de baile, necesitaba un cambio drástico, pero no sabía por dónde empezar. Afortunadamente, una amiga íntima me señaló una ventana mágica: me habló del yoga. A mí no me interesaba demasiado la espiritualidad, pero estaba abierto a probar cualquier camino nuevo.

Fran, un chico inglés, dio una sesión de dos horas al atardecer, en una plataforma de madera con fantásticas vistas al mar: un lugar rodeado de pinos y piar de pájaros donde llegaba una ligera brisa de verano. Fran tenía muchas cualidades increíbles y le encantaba compartirlas con nosotros y nosotras, su alumnado. Me abrió la puerta al mundo del yoga y este fue el primer paso positivo hacia la mejora de mi bienestar.

¡Qué regalo, iniciarme en el yoga en este entorno natural, sin más ruido que los dulces sonidos de la naturaleza!

No se trataba solo de estirar el cuerpo. Sobre todo, descubrí cómo respirar con más consciencia, algo nuevo para mí, algo muy calmante. También aprendí a meditar al final de cada clase de yoga, cerrando los ojos, quedándome mentalmente quieto por dentro durante unos quince minutos y sintiendo simplemente la maravillosa brisa del aire. No podía creer el cambio que sentía después de cada clase de yoga en este entorno natural de pinos y esta suave brisa cálida.

Me sentía más tranquilo, más conectado conmigo mismo que nunca. Fue una sensación increíble. Gran parte de mi estrés, ansiedad o compulsividad desaparecían para el resto del día. Después de cada clase, cuando volvía a casa en bicicleta para ducharme y prepararme para el trabajo, me invadía una profunda sensación de calma y de libertad.

Sabía que había encontrado un método que aportaba sentimientos positivos, paz y bienestar a mi vida. Quería más, así que iba tres veces por semana a la clase de yoga y, los demás días, practicaba en casa. Me llevó algún tiempo recordar e integrar la mayoría de las posturas de yoga en casa. Y poco a poco, a través de estas clases, conocí a más personas conscientes, centradas en el bienestar emocional y mental. Todo un mundo nuevo se abría ante mí. El universo del bienestar sin drogas externas.

Otro nuevo amigo que conocí en estas sesiones me habló de un retiro de meditación budista de diez días en silencio llamado Vipassana de Goenka. Gracias a las profundas sensaciones en los pequeños ambientes de meditación, al final de las clases de yoga, me entusiasmé, lo busqué y reservé una plaza.

Unos meses más tarde me sentaba en una gran sala con otras cuarenta personas, en completo silencio. Esos diez días me abrieron los ojos. Empezábamos por la mañana temprano, a las cuatro y media, y meditábamos la mayor parte del tiempo hasta las nueve y media de la noche. Volví a conectar con el mundo invisible. Experimenté aspectos más profundos de mí mismo y empecé a darme cuenta de que podía curar mis problemas de piel y migrañas a este nivel más invisible y sutil.

Al principio se trataba de aprender a silenciar mis pensamientos, pero con el tiempo y la práctica, surgió un silencio mental interior. Entonces la meditación despegó para mí con algunas experiencias muy profundas. La primera y más importante fue darme cuenta de que tenía que mirar hacia dentro y no hacia fuera. Unos años más tarde, cuando leía a Carl Gustav Jung, me sonreí al oír su famosa reflexión: *«Quien mira afuera, sueña; quien mira adentro, despierta»*. Resultaba profundamente acertada para mi experiencia.

Estar sentado en postura de meditación —con las piernas cruzadas, sin mover el cuerpo durante una hora entera y con los ojos cerrados—, trajo consigo experiencias profundas y despertares a través de reinos invisibles que hicieron que toda mi vida cambiara. El quinto día tuve una experiencia en la que mi consciencia se expandió y mi cuerpo se convirtió en un enorme templo lleno de grandes instrumentos musicales de viento. Estos instrumentos estaban alimentados por energía y recorrían todo mi sistema. Me quedé asombrado. Nunca había visto este tipo de instrumentos de viento en mi vida (de hecho, aún no existen en la dimensión física). Al contemplarlos con mi percepción interior, me quedé estupefacto. Todavía, veinte años después, tengo la visión clara en mi memoria. Quizá algún día pueda pintarlo todo. Y lo más importante fue que, al contemplar aquellos instrumentos, había un mensaje claro para mí:

ESTE ES TU TEMPLO INTERIOR:
NUTRE TU CUERPO, TU MENTE Y TU ALMA.

Lo entendí inmediatamente. Me encontraba en el buen camino.

Desde entonces, supe que tenía que controlar los alimentos, las sustancias, las bebidas y el aire que entraban en mi cuerpo. Después del retiro de meditación en silencio, empecé a comer principalmente productos ecológicos y a evitar los alimentos rociados con pesticidas. Comprendí que las drogas, el alcohol o cualquier estilo de vida malsano afectan al templo interior (el cuerpo y la mente) y pueden enfermar mi organismo en cualquier etapa de mi vida. Esta profunda experiencia me ha acompañado desde entonces y me ha ayudado a elegir los alimentos y las sustancias que permito que entren en mi organismo.

Cuanto más meditaba, más me daba cuenta de que no somos solo un cuerpo físico. Durante las experiencias de silencio profundo, vi que hay mucho más fluyendo, transitando por todo nuestro cuerpo; todo tipo de energías vitales y fuerzas sutiles de la consciencia.

Durante los diez días que duró el retiro de meditación en silencio, experimenté cambios estructurales en mi espacio cerebral. Cada vez que cerraba los ojos en meditación, sentía movimientos sutiles dentro de la frente, como si algo estuviera formándose o construyéndose. Por aquel entonces, a menudo me preguntaba qué era exactamente y qué me estaba ocurriendo.

Sentía como si algunas fuerzas o energías estuvieran cincelando un túnel o una estatua dentro de mi cerebro. Pregunté al instructor de meditación budista, pero se limitó a decirme que siguiera con el proceso y no ofreció ninguna explicación posible a mi indagación.

Algunos años después, cuando leí *Cómo despertar el tercer ojo*, del doctor Samuel Sagan, comprendí la naturaleza del cincelado. El Dr. Sagan menciona que el tercer ojo es una estructura sutil que necesita tiempo para construirse. Mi tercer ojo se estaba construyendo a sí mismo. El Dr. Sagan llama a este proceso *«construcción de cuerpos sutiles»*. Al igual que la gente se pone en forma en el gimnasio, hay un camino para formar y fortalecer los músculos de la consciencia. Desde entonces, he dedicado toda mi energía y mi tiempo a la construcción sutil.

Incluso la ciencia ha presentado nuevos estudios sobre el impacto de estos procesos en el cerebro: neurocientíficos de todo el mundo han descubierto en sus laboratorios, mediante imágenes por resonancia magnética (conocidas como fMRI), el poder de los estados meditativos profundos y los cambios estructurales y funcionales que la meditación produce en el cerebro.

Llegado este punto, me gustaría resaltar especialmente el muy perspicaz libro *Altered Traits (Rasgos alterados)*, del psicólogo Daniel Goleman y el neurocientífico Richard Davidson. En el libro, los autores documentan una serie de estudios de IRMf con practicantes avanzados de meditación de todo el mundo. Los resultados de los mismos mostraron que el entrenamiento sostenido de la meditación ofrece una serie de beneficios para la salud, tales como una menor reactividad de la amígdala al estrés, niveles más bajos de cortisol (la hormona del estrés), la mejora de la atención, la concentración y la memoria; así como un aumento de la empatía y un refuerzo del sistema inmunológico, además de una reducción del vagabundeo mental y la ralentización del envejecimiento.

Otra experiencia profunda que tuve el séptimo día del retiro de meditación en silencio fue entrar en un profundo estado de paz interior. En ese profundo silencio mental sentí la activación de un centro de energía sobre mi cabeza. Cada vez era más fuerte. Me elevaba hacia arriba, hacia lo alto, hacia la inmensidad. Desde allí vislumbré un estado del ser en el que aprecié aspectos más profundos del universo. Empecé a contemplarlo, y me convertí en el cosmos. En ese estado profundo, surgió un profundo mensaje silencioso de sabiduría:

CONTINÚA.
TODO ESTÁ DENTRO.
PROFUNDIZA Y ENCONTRARÁS TODAS TUS RESPUESTAS.

En ese preciso momento, comprendí que podía curar mis enfermedades psicosomáticas —la psoriasis, la migraña, el dolor crónico— adentrándome cada vez más en el mundo invisible, y comprendí claramente la frase que he escuchado de diferentes autores: «Para resolver cualquiera de tus problemas, tienes que acudir a una dimensión más profunda de la consciencia». Estaba en el buen camino.

Salí de los diez días de retiro de meditación silenciosa budista/vipassana con percepciones más profundas y continué con mis sesiones diarias de hatha yoga, lo que me ayudó a mantenerme alejado de las drogas y de todos los amigos involucrados en ese círculo, así como a superar un periodo de cinco años de adicción. El yoga y la meditación me dieron una nueva dirección positiva, así como un propósito en mi vida.

Empecé a interesarme por la lectura de libros sobre espiritualidad gracias a todas estas experiencias profundas y directas, tanto en mi cuerpo y mi mente como más allá de mi cuerpo físico.

Y entonces, decidí ir a esa otra fuente geográfica, donde se originaron la meditación y el yoga. Quería ir a la India, y pensé que la mejor manera de ver ese enorme subcontinente era en bicicleta, con una tienda de campaña y un saco de dormir. Unos meses después, por fin, emprendí el viaje acompañada de mi buen amigo Jay. Recorrimos la India durante seis meses en bicicleta, con tienda y saco de dormir, en busca de más conocimientos espirituales y, por mi parte, con mi misión personal de curar mis siempre persistentes problemas de piel.

CAPÍTULO 9

INDIA EN BICICLETA

Hice este viaje entre 2002 y 2003, a la edad 32 y 33 años

La gente dice: «*O amas la India o la odias*».

Yo amaba la India y me sentí como en casa en cuanto se abrió la puerta del avión en el aeropuerto de Bombay. Había una energía en el aire que se sentía cálida, cercana y reconfortante. Todo el país emana un caos celestial, las vacas son sagradas, los perros y los monos juegan a pelearse y los dioses bailan por todas partes. El país está lleno de rituales de baile, canto, actuación, tigres, elefantes, serpientes, chai y especias. Me sumergí en todo ello y, por suerte, sobreviví.

Una vez pasada la aduana, mi amigo Jay y yo sacamos nuestras bicicletas de sus fundas protectoras de cartón. Nos ayudaron varios indios que parecían muy interesados en tener los cartones. En aquel momento no entendí su entusiasmo.

Había conocido a Jay unos meses antes en Ibiza. Es originario de Barcelona y había estado trabajando como chef en uno de los restaurantes de playa de moda, donde la gente va a bañarse y a escuchar música chill out. Por las noches tardes siempre venía a tomar unas copas al bar donde yo tenía mi negocio. Era único, y siempre me llamaba la atención. Su lenguaje corporal era diferente al de cualquier otra persona que hubiera visto antes. La forma en que movía los brazos, todo el cuerpo, y su singular expresión vocal eran muy divertidas. Después de un tiempo nos conocimos mejor y me dijo que quería viajar por la India con su bicicleta. Descubrimos que ambos habíamos sido adictos a las drogas y habíamos dejado atrás ese mundo.

Nuestras bicicletas tenían dos alforjas con nuestras pertenencias, que consistían en una tienda de campaña y dos sacos de dormir. Yo tenía una esterilla de yoga para dormir. Estábamos listos para embarcarnos en nuestra nueva aventura vital. Todavía no teníamos muchos planes cuando salimos, tan solo visitar el Osho Ashram de Pune, a unos ciento veinte kilómetros de Bombay, para aprender más sobre meditación. También queríamos dirigirnos al sur, a Kerala, cuna del Ayurveda y de sus poderes curativos, para aliviar mis problemas de piel.

Salimos del aeropuerto de madrugada y nos dirigimos en bicicleta al centro de Bombay, a cuarenta kilómetros, para buscar un lugar donde pasar la noche. Me sorprendió ver a miles de personas durmiendo al borde de la carretera, en el barro o en los arcenes cubiertos de hierba: las más afortunadas, con cartones para aislar sus cuerpos semidesnudos. Estaban apiñados como sardinas en lata. Ahora entendía el entusiasmo por los cartones en el aeropuerto. Incluso después de veinte años, la experiencia de ver a miles de personas durmiendo sin pertenencias junto a la carretera sigue siendo impactante para mí. Eso me hizo pensar mucho. Tenía los ojos muy abiertos, y todas esas imágenes se almacenaron en lo más profundo de mi memoria y mi psique. Inolvidables y tristes.

En un cruce, nos detuvimos a tomar nuestro primer chai (té negro indio con leche). Durante esos seis meses me enamoré de beber chai, costumbre que me enseñó el poder de los rituales, incluido el ritual de dos horas después, cuando la primera diarrea me golpeó con fuerza y me obligó a aprender a limpiarme el culo con la mano. Por aquel entonces, en 2002, en la India no estaba muy disponible el papel higiénico. No sé cómo será hoy. En la mayoría de los lugares había agua para enjuagarse y jabón con el que limpiarse, y el sistema me pareció bastante normal después de un tiempo, incluso más higiénico. Cuando volví a Europa después de esos seis meses en la India, seguí limpiándome con jabón y agua durante bastante tiempo. Era mucho mejor que usar tanto papel y, de hecho, mucho más limpio.

Finalmente encontramos un pequeño hotel en el centro de Bombay, nos registramos y dormimos unas horas, despertándonos hacia el mediodía. Paseamos por los lugares de interés, los olores y los sonidos de Bombay, y pronto decidimos dejar atrás el ruido, el caos y la contaminación. Bombay no nos atraía mucho a ninguno de los dos.

Al día siguiente, temprano, salimos en bicicleta hacia Pune. Tardamos unas doce horas, subiendo y bajando colinas y con mucho tráfico en las carreteras y autopistas. Después de este trayecto, decidimos evitar todas las autopistas y carreteras con mucho tráfico en el futuro (y fue la mejor decisión que tomamos).

Cuando llegamos al Ashram de Osho, en Pune, nos inscribimos y tuvimos que hacernos la prueba del sida en el centro, como parte del procedimiento. Un resultado negativo fue nuestro pase a la comunidad. Después de cenar, escuchamos varias charlas grabadas de Osho en la gran sala. Murió en 1990, pero sus enseñanzas siguen vivas. Hablaba despacio y, a través de sus palabras, generaba un espacio o un estado de trance que nos inducía a soltar cualquier construcción mental y viejos patrones.

Muchos años después, vi la serie de Netflix sobre Osho llamada *Wild Wild Country*. Me pareció bastante impactante y visionaria al mismo tiempo. Recomiendo sinceramente ver la serie para comprender las dinámicas de grupos que se generan en estas comunidades, especialmente cuando se forman junto a un maestro espiritual vivo.

Tras su charla de una hora, llegó un DJ y todo el mundo bailó libremente. Era la hora de la celebración en la gran sala de meditación. Todos íbamos vestidos de blanco. Bailar siempre ha sido una parte importante de mi vida, que me ha permitido expresarme libremente. Me inspira libertad, expansión, éxtasis y felicidad.

La danza es una expresión del cuerpo, de las emociones, del alma, de los dioses y del cosmos en general. En la India, muchos dioses son representados como grandes bailarines. Creo que a todos los seres humanos nos encanta bailar. Unas semanas más tarde, para mi sorpresa, la danza adquirió una dimensión totalmente nueva.

A la mañana siguiente, me desperté sobre las cinco y media para llegar a tiempo a la meditación activa de Osho de las seis de la mañana. Fue una práctica muy poderosa, ¡la recomiendo encarecidamente! Durante una hora entera, en ayunas, realizamos varios ejercicios de respiración y movimiento, saltando, gritando, girando y, finalmente, tumbándonos para relajarnos. Al principio me mareé bastante, pero con el tiempo me sentí más fuerte. Es una dinámica que ayuda a romper resistencias, libera las emociones reprimidas y, en última instancia, devuelve el cuerpo a un estado armonioso, contribuyendo a que se «abra» para comenzar el siguiente viaje hacia el interior, hacia la meditación, para quedarse mentalmente quieto y, simplemente, ser.

El resto del día estuvo repleto de otras actividades como Tai Chi, tenis, sauna, diferentes entornos de meditación, dinámicas de grupo, etcétera. Para mí, con tanta variedad de servicios, aquello parecía más bien un hotel de cinco estrellas. Tengo que decir sinceramente que la comunidad de Pune no me transmitió mucho. Yo no encajaba con el modelo de negocio de los hoteles de cinco estrellas. Por otro lado, me encantan las filosofías y enseñanzas de Osho.

Hay un ejemplo que Osho da y que sigue vivo en mi memoria después de veinte años: «*¿Qué haces si tu vecino tira basura en tu jardín? ¿Te enfadas? ¿Le dices que pare? ¿La devuelves a su jardín?*».

Y Osho continúa explicando que esto es lo mismo con las noticias y medios de comunicación de hoy en día, que nos lanzan publicidad, opiniones y malas noticias sin parar a la cara. ¿Qué es lo que haces con ello? ¿Te enfadas? ¿Les dices que paren? ¿Les respondes?

Esta propuesta me hizo pensar mucho, y después de ese ejemplo, ya de vuelta en Europa, tiré mi televisor.

Después de una semana en el Ashram de Osho, Jay y yo sentimos que había llegado el momento de adentrarnos en la campiña india, donde descubrimos que el tiempo se había detenido hacía dos mil años. Teníamos un pequeño mapa de carreteras y la idea clara de que, a partir de ahora, evitaríamos las grandes carreteras. Queríamos ver la naturaleza y la India rural, así que decidimos tomar una ruta en zigzag hacia el sur, hasta Kerala. Nos adentramos en esta otra India de una forma desconocida para muchos turistas. A cada pueblo al que llegábamos, nos rodeaban unos cincuenta hombres, mujeres y niños, que nos miraban con sus grandes ojos llenos de curiosidad y asombro.

Nuestras bicicletas eran una atracción; siempre estábamos rodeados de una multitud de curiosos. Nunca nos robaron nada en este entorno rural. En las pequeñas carreteras, los niños y niñas nos animaban y corrían a nuestro lado cuando pasábamos en bicicleta. Parecía que estuviéramos en el Tour de Francia, con miles de aficionados animándonos a ganar, a ser fuertes, a ser audaces y aventureros. Estas personitas eran juguetonas, tenían ojos puros y eran increíblemente hermosas. Sentí una fuerte conexión con esta gente, que resonaba en mi alma. Me sentía como en casa. En estas zonas rurales todo parecía tan diferente, comparado con el caos, la contaminación, el ajetreo y el bullicio de las grandes ciudades como Bombay.

Un día estábamos acampados en las afueras de un pueblo y una niña de unos ocho años empezó a ayudarnos a montar la tienda de campaña. Más tarde nos presentó a su padre. Tenía un aspecto increíble, como el que se ve en las revistas de National Geographic. Me sorprendió cómo nos ayudaba. Su padre nos dijo que tenía muchas hijas y, respecto a la que habíamos conocido, nos preguntó si podíamos llevárnosla con nosotros y darle una mejor educación en nuestro país.

En la India, si tienes muchas hijas, estás arruinado, porque los padres tienen que dar una dote a los futuros maridos. Me sorprendió su propuesta. Por un lado, quería ayudar, pero por otro era imposible llevarla con nosotros. Al fin y al cabo, estábamos en bicicleta y explorando la India. Después de veinte años, aún conservo su energía y su belleza en la memoria.

Pedaleamos más hacia el sur. Nos quedamos unos días en Goa y luego nos aventuramos en lugares sagrados, custodiados por montañas y dioses, todo ello mientras intentábamos comprender la cultura india en un sentido más profundo. Me sentí como Gandhi a su regreso de Sudáfrica: él estuvo viajando en tren por toda la India durante un año para entender su cultura y su gente y, así, crear un lugar mejor para las personas que allí viven.

Un día íbamos en bicicleta por una reserva natural y, durante más de cuatro horas, no vimos a nadie. Tampoco había casas ni ningún tipo de construcción. Ya era por la tarde y estábamos completamente perdidos. Pensé en dirigirnos hacia el oeste, donde se ponía el sol, pero eso solo nos llevó a adentrarnos en una zona de montañas, arbustos, colinas y bosques. Había naturaleza por todas partes. Me preocupé bastante y pensé que lo mejor sería dar media vuelta, pero seguimos pedaleando ansiosamente hacia delante, con la esperanza de encontrarnos con algún rastro de civilización antes de que oscureciera del todo. Finalmente llegamos a un claro donde había un pequeño lago. Para mi horror, divisé dos lobos al otro lado del agua, que se acercaban sigilosamente hacia nosotros. Empezamos a pedalear más rápido y nos adentramos en el bosque, dejándolos atrás.

Cada vez me preocupaba más cómo sería acampar durante la noche en esta naturaleza absolutamente salvaje. Oímos muchos ruidos de animales en la espesura y me puse muy nervioso cuando empezó a oscurecer. De repente, vi un cable colgando sobre el sendero. Le grité a Jay, que iba delante de mí:

—¡Detente, Jay! Mira ahí arriba. Sigamos ese cable.

Levantó la vista y una amplia sonrisa de alivio se dibujó en su rostro. Seguimos el cable: nuestras vidas dependían literalmente de ello. Nos condujo a un sendero y, al cabo de cinco minutos, vimos una pequeña casa. Me sentí enormemente agradecido y aliviado por no tener que dormir en la naturaleza esa noche, sabiendo que dos lobos nos perseguían.

Llamamos a la puerta de la casa y nos abrieron unos hombres, tan sorprendidos de vernos como estábamos nosotros de verlos a ellos. Nos invitaron a entrar y nos ofrecieron galletas, que aceptamos agradecidos, dándonos cuenta entonces del hambre que teníamos. Por suerte, uno de ellos hablaba algo de inglés, lo que era muy raro por aquellos lares. En general, en la India rural teníamos que hablar con gestos de las manos y el cuerpo.

—¿Puede indicarnos cómo salir de este bosque? —pregunté ansioso.

—Seguid este carril otros treinta minutos y llegaréis a una aldea donde podréis comer y dormir —sugirió.

Nuestros ojos se iluminaron de gratitud, alivio y alegría. Les conté lo de los dos lobos que nos habían estado siguiendo.

—Daos prisa y llegad a la aldea antes de que anochezca, porque también hay tigres merodeando —dijeron.

—¡¿Tigres?! —exclamamos horrorizados Jay y yo.

—¿Cuál es el mejor plan? —pregunté.

—Los tigres salen de noche —contestaron—. Así que, si os dais prisa, aún tenéis tiempo de llegar al pueblo antes de que anochezca.

Le dimos las gracias y volvimos a subir a nuestras bicicletas tan rápido como nos lo permitieron nuestros cansados cuerpos, despidiéndonos frenéticamente de nuestros salvadores mientras seguíamos el carril, buscando ansiosamente el pueblo donde, por fin, podríamos descansar a salvo, lejos de los animales salvajes. Afortunadamente, en poco tiempo el camino se abrió y el pueblo se hizo visible. Teníamos comida y refugio para pasar la noche. Si no hubiera levantado la vista y visto aquel cable eléctrico colgando sobre el camino, habríamos estado acampados en algún lugar de la selva, con tigres y lobos merodeando, y nuestras vidas habrían corrido grave peligro. Fue un regalo bien recibido.

Al cabo de unos días llegamos a Kerala, la región del sur y el oeste de la India. Está llena de arrozales y plantaciones de plátanos y piñas. Encontramos un lugar interesante, alejado de cualquier turismo: la Universidad de Kalamandalam, un lugar de culto a los dioses y al arte, especialmente, a la danza y el teatro.

Unos amigos nuestros nos habían hablado de una familia (Jo y Ma) y nos habían dado su dirección. Vivían en un pueblecito cercano a la universidad y enseñaban estas antiguas artes del teatro y la danza a extranjeros. Nuestro plan era saludarles y descansar una noche. Pero todo fue de otra manera.

Ma nos dijo:

—Los mejores bailarines de las historias indias son los mejores guerreros. ¿Queréis que os enseñe? Mis dos hijas os mostrarán varias danzas y podréis elegir una con la que resonéis. Si os gusta alguna, podéis quedaros y aprenderla.

A lo que contestamos que de acuerdo:

—Vamos a verlo.

Sus dos hijas bajaron de sus habitaciones de estudio e hicieron todas las danzas clásicas delante de nosotros. Me fascinó la belleza y la expresión de la danza. Me quedé prendado de una danza llamada Bharatanatyam. Miré a Jay y los dos acordamos que tomaríamos las clases. Así que durante dos horas por la mañana y dos horas por la tarde tuvimos sesiones privadas con Ma. Aparcamos nuestras bicicletas y recibimos entrenamiento como bailarines guerreros.

El Bharatanatyam es una mezcla de artes marciales y danza. Después de una semana, teníamos que permanecer diez minutos en cuclillas, inmóviles, con los brazos estirados. El entrenamiento era intenso. Si nos movíamos un poco, nuestra profesora Ma nos golpeaba con un palo de forma juguetona. Nos decía:

—Un guerrero, en ciertos momentos, no se mueve.

Tardamos otra semana en quedarnos inmóviles y sentir la fuerza para hacerlo.

Al principio de cada clase matutina, nos inclinábamos ante nuestra maestra Ma y besábamos uno de sus pies, mostrándole respeto. Me encantaban todos estos pequeños rituales. La India está llena de rituales. Todas las mañanas, a las cinco, me despertaba rodeado de la música de los templos cercanos, que tocaban mantras a Shiva y Ganesha, el dios elefante. Mucha gente visita los templos antes de ir a trabajar, presenta sus respetos y deja algunas flores. Es increíble despertarse con la suave música de mantras de los templos.

Al cabo de un mes, Jay me dijo:

—Alex, quiero ver más de la India.

—Jay —contesté—, me encantaría quedarme aquí y adentrarme más en el Ayurveda y la danza.

Llegamos a la conclusión de que nuestros caminos se separarían de aquí en adelante.

—Jay, ¡hagamos una pequeña ceremonia de despedida cerca del río! —propuse.

—Me parece una gran idea.

Al día siguiente, por la tarde, salimos a comer y luego caminamos hasta el río. Nos sentamos, metimos los pies en el agua y hablamos de nuestro tiempo juntos.

—¿Qué planes tienes para los próximos meses? —preguntó Jay.

—Jay, aquí me siento como en casa —le expliqué—. Me encantan las cuatro horas diarias de clase de baile y cómo nos cuida toda la familia. También he oído que en esta zona hay muchos médicos ayurvédicos y hospitales donde puedo recibir un tratamiento más profundo para mis problemas de piel, y eso es lo más importante ahora en mi vida. Quiero encontrar una solución definitiva. Y tú, Jay, ¿dónde quieres ir?

—Me encantaría ver el extremo sur de la India —respondió— y luego, subir por el este del país, hasta Calcuta.

Ambos nos miramos a los ojos y asentimos. Comprendíamos los sueños, las esperanzas y el sentido de libertad del otro. Seguimos hablando un poco más de nuestras experiencias de los últimos meses y de lo mucho que habíamos disfrutado de la compañía del otro. Nos quedamos sentados hasta el atardecer y vimos cómo el sol se ponía en el horizonte. Estuvimos un tiempo en silencio, que nos pareció muy enriquecedor. Tuvimos muchos momentos durante nuestros viajes en los que no hablábamos tanto, pero simplemente estar en presencia del otro nos hacía sentir dentro de una intimidad compartida y con un fuerte sentimiento de gratitud. Al día siguiente, Jay y yo nos separamos: él partió hacia su nueva aventura mientras que yo me inicié en el Ayurveda.

Los últimos meses en bicicleta por la India, mi piel había sufrido mucho con el calor. Estaba constantemente roja, seca y me picaba. Tenía que evitar a toda costa la comida picante, porque el fuego y las especias empeoraban su estado. No es fácil, en la India, evitar el picante.

Así que aquí estaba, en una parte del país llamada Kerala, que alberga un vasto conocimiento ancestral sobre el tratamiento y la curación a nivel holístico: el Ayurveda.

No muy lejos de la casa de Jo y Ma estaba el hospital Shoranur Ayurveda. Fui allí en bicicleta para pedir ayuda y me recibieron amablemente varios médicos. El mismo día, recibí tratamiento para mis problemas de piel.

Gracias a estos tratamientos, comprendí cómo cuidar mi piel de una forma nueva, que nunca me habían enseñado todos los médicos alópatas a los que había acudido en los últimos quince años. Se trataba de tratar mi piel con muchos aceites naturales elaborados con ingredientes locales, e incluía una nueva forma de lavarme la piel después. Compré tres litros de su aceite y el detergente, que era como arena seca.

Durante las semanas siguientes, en casa de Ma y Jo, me masajeé todo el cuerpo (incluido el cuero cabelludo) con mucho aceite natural —ayurvédico— durante una hora y me lo limpié después con un polvo de arena y agua. Todo el proceso me sentó muy bien y nutrió profundamente mi piel.

Al cabo de unas semanas, noté mejoras y sentí cómo el aceite penetraba en capas de mi cuerpo que no había sentido antes. Poco a poco, mi piel enrojecida y con picores mejoró, y eso repercutió en mi autoestima. Sentirme por fin mejor en mi propia piel fue un gran alivio para mí. Ahora sabía que mi piel necesitaba nutrición y cuidados. Al masajearme suavemente, comprendí que ciertas partes de mi cuerpo habían recibido demasiados golpes en mi vida. Podía sentir el dolor en la frente y el nerviosismo en otras partes del cuerpo, como las piernas. Era como si mi cuerpo almacenara toda la información relativa a experiencias pasadas de dolor, ansiedad y timidez. Mientras me masajeaba suavemente con aceites naturales, el miedo y los recuerdos del pasado se activaban y, de alguna forma leve, se liberaban.

La otra dimensión del ayurveda que aprendí de los médicos en Kerala fueron los tres doshas. Estos doshas (pitta, vata, kapha) pueden describirse como diferentes energías o sustancias en el cuerpo y la mente de una persona. Pitta está relacionado con el fuego, vata con el elemento viento y kapha con el elemento tierra. Yo tengo un cuerpo y una personalidad de tipo vata y pitta. En consecuencia, debido a mi constitución, tengo que evitar el alcohol y los alimentos aceitosos y picantes, circunstancia que también experimenté en mi viaje en bicicleta por la India. Cada vez que comía picante, mi piel reaccionaba peor. Lo mismo ocurría con la comida demasiado aceitosa.

A la comida en casa de Jo y Ma no podía aplicársele ninguno de estos adjetivos. Consistía en mucho arroz con verduras y frutas. Mi cuerpo y mi piel respondieron bien a estas comidas. Así que no solo aprendí a cuidar más mi piel, sino que —al mismo tiempo— recibí educación sobre los alimentos e ingredientes que favorecían mi bienestar holístico. Se trataba de establecer una armonía entre los tres doshas que integraban mi cuerpo y mi mente.

Otro aspecto de mi vida en el que quería profundizar era el mundo del yoga. Había sido el primer peldaño positivo que me ayudó a superar mi adicción a las drogas en Ibiza. Oí hablar de un centro de yoga en el sur de Kerala llamado Sivananda Yoga Vedanta Dhanwantari Ashram. Ofrecían un mes entero de inmersión en el yoga, lo que me atrajo mucho.

Hablé con Ma, mi profesora de danza:

—Quiero tener una experiencia más profunda del yoga y he encontrado un centro que parece justo lo que necesito, así que me iré después de mis dos meses de formación de danza con vosotros.

—Puedes volver cuando quieras —me contestó ella.

—Lo sé, Ma. He disfrutado y aprendido mucho contigo y no es fácil irme, porque me siento como en casa contigo, la abuela y tus dos hijas.

Así que, al final de los dos meses de formación en danza, llegó el momento de decir adiós. Salí en bicicleta por la mañana temprano, para llegar al centro de yoga a primera hora de la tarde. Cuando llegué, aparqué la bici fuera del Ashram y entré en su oficina. Me dieron una cálida bienvenida, muy diferente a la de la comunidad Osho. Aquí, en el centro Sivananda, no tenía que hacerme la prueba del sida, ni vestirme de rojo o blanco.

Había una sensación de libertad y no tenía la sensación de que la escuela fuera una máquina de hacer dinero. Durante los treinta días siguientes, el horario diario fue intenso pero fácil:

De 6:00 a 7:00, todas las personas que estábamos allí, en la gran sala, meditábamos.

De 7:00 a 8:00 cantábamos mantras con músicos.

De 8:00 a 10:00 hacíamos posturas de yoga y ejercicios de respiración.

De 10:00 a 11:00 disfrutábamos de un delicioso almuerzo.

De 11:00 a 12:00 limpiábamos todo el Ashram.

De 12:00 a 14:00 aprendíamos del Bhagavad Gita.

De 14:00 a 16:00 descansábamos.

De 16:00 a 18:00 teníamos otra clase de yoga.

De 18:00 a 19:00 cenábamos.

De 19:00 a 20:00 limpiábamos nuestras habitaciones.

De 20:00 a 22:00 cantábamos mantras y meditábamos.

De 22:00 a 6:00, dormíamos.

Este programa me encantó. Y además, encontré una gran comunidad con elevados valores espirituales que realmente hablaban a mi alma. Hacia la tercera semana de mi estancia, recibí una invitación para quedarme otros seis meses en el Ashram y formarme como profesor de yoga.

Se abrió ante mí una nueva línea de tiempo y tuve que tomar una decisión que no fue fácil. Tenía una profunda conexión conmigo mismo, con mi espíritu, con la gente del Ashram Sivananda y con todo su programa, estructura y enseñanzas, pero por otro lado, tenía mi propio negocio en los meses de verano en Ibiza, que me daba suficiente dinero como para viajar en invierno y gastarlo sabiamente en mi sanación, formación e investigación. Mis miedos me decían que volviera a Ibiza y me pusiera a salvo, mientras que mi espíritu me decía que me quedara y me sumergiera durante los siguientes seis meses en el yoga.

¿Seguiré al miedo o a mi espíritu?

CAPÍTULO 10

BRASIL, AYAHUASCA Y EL PODER DE LA SERPIENTE

Llegan 2004 y 2005, en los que yo tengo 34 y 35 años

Volví a Ibiza. Seguí al miedo y la supuesta seguridad de ganar más dinero. Por aquel entonces, el miedo era un gran problema que afectaba a mis niveles de confianza, a la toma de decisiones e incluso a mis niveles de intimidad.

Una de las cosas más impactantes de mi vida fue llegar de nuevo a Europa. Aterricé en Fráncfort después de pasar seis meses en la India y lo que sentí era como estar inmerso en Matrix. La gente caminaba y hacía su vida mecánicamente; no había el contacto visual que estaba acostumbrado a tener con la gente en la India. Las personas con las que me cruzaba en el aeropuerto se sentían desconectadas del amor, del espíritu y de la vida en general. No veía mucha chispa ni alegría en sus ojos, solo veía control y seriedad.

Adaptarme a esta nueva realidad en Europa —a nuestra realidad occidental— me llevó algunos días. Tuve la suerte de vivir y trabajar en Ibiza, donde me sentí más a gusto con la cultura y con la gente, que me resultaba más abierta que en otras partes de Europa. Eso hizo que la transición de la India a nuestro mundo civilizado occidental fuera mucho más ligera. En 2002, Ibiza no era la isla que es ahora. Por aquel entonces, aún conservaba una sensación de virginidad.

Mi profesión me permitía viajar durante los meses de invierno. Tenía una pequeña oficina en la ciudad de Ibiza donde vendía entradas para eventos y discotecas, que entonces era un buen negocio. Trabajé todas las noches durante cuatro o cinco meses sin parar, desde las ocho de la tarde hasta las cuatro de la mañana. A veces, hasta las seis. Conocí a mucha gente interesantísima de todo el mundo que quería ir a las mejores fiestas y lugares de la isla. Yo era el que conocía todos los sitios, de noche y de día, y me pagaban por dar esa información. Me encantaba.

En los meses de verano, casi todos los días me masajeaba la piel durante una hora con aceite de coco o de sésamo. Me sentía bien. Me sentía mejor en mi piel y en mi cuerpo, también porque practicaba yoga cada dos días; esto incluía mucha respiración, meditación, cantos y, por supuesto, las posturas físicas. Dada esta mejoría, me decanté por no volver a la India —al ayurveda y al yoga—, sino aventurarme a otro continente, Sudamérica. Decidí volver a viajar con mi bicicleta porque me proporcionaba una sensación de libertad increíble para ver el mundo desde una perspectiva diferente: podía acampar en cualquier parte, tomar nuevas carreteras que aún no se habían recorrido y conocer gente en el campo profundo, que aún no había sido contaminado por las grandes ciudades, el estrés y la polución. Este viaje lo hice por mi cuenta, porque Jay decidió recorrer África, también en bicicleta.

Esta vez quería empezar en Uruguay y fluir con la corriente, ir desde allí adonde mi intuición me llevara. Tres días antes de volar a Montevideo, estaba en Barcelona y me encontré con Eli, una amiga que había conocido meses antes en casa de Jo y Ma, en el corazón de la India. Apareció sin más, de repente, en una callejuela de Barcelona. Qué sorpresa. Nos abrazamos y nos reímos con total asombro, y me dijo:

—Alex, tienes que venir mañana por la noche a una ceremonia de ayahuasca en las montañas. Estará guiada por dos chamanes de Sudamérica.

Dudé, pues había oído historias de personas que tomaban ayahuasca y tenían experiencias extracorpóreas, alucinaciones espirituales e intensas descargas emocionales. Para algunos, la ayahuasca es una medicina poderosa, mientras que para otros es una droga alucinógena.

—¿Puedo decírtelo hoy o mañana por la mañana? —le pregunté—. Necesito consultarlo con la almohada esta noche.

—Por supuesto —me dijo—. Y recuerda que ¡es la planta de ayahuasca la que viene a ti y no al revés!

Su comentario me hizo reflexionar. Hay un dicho según el cual el maestro espiritual o gurú solo aparecerá cuando el alumno esté preparado. ¿Estaba yo preparado? ¿Y qué podría ocurrirme?

Hacía tiempo que había dejado las drogas. Saber que la ayahuasca no era una droga sintética, sino una planta natural y sagrada para muchos chamanes, me hizo reflexionar sobre la idea de probarla. La principal motivación para ir a la ceremonia seguía siendo tratar la psoriasis en la piel que, a pesar de estar mucho mejor, seguía siendo un problema. En el fondo, me seguía sintiendo incómodo, tímido y avergonzado.

Así que, a la mañana siguiente, llamé a Elizabeth:

—Me apunto, ¿dónde tengo que ir?

—Quedamos en el estudio de danza y, a partir de ahí, podemos ir con otros amigos míos. Y no comas nada hoy, Alex. Es bueno ayunar antes de tomar la medicina.

Me puse nervioso, pero confié en ella.

Horas más tarde, estaba sentado en un tipi indio con otras veinte personas, formando un gran círculo y mirando el fuego del centro. Había dos chamanes que nos daban la bienvenida y algunas instrucciones sobre cómo dejar que la planta de ayahuasca actuara en nosotros.

Nos dijeron:

—Sea lo que sea lo que la planta te haga, sigue su sabiduría. Y mira solo al fuego, el fuego en el centro de nuestro círculo cuidará de ti. No tienes que preocuparte por tu vecino porque nosotros, los chamanes, el fuego y la medicina estamos aquí para cuidarte.

Cada media hora, más o menos, otro hombre llamado «Hombre de Fuego» se ocupaba del fuego para asegurarse de que seguía encendido toda la noche. Después, los chamanes se acercaron para darnos a cada uno un vasito de zumo. No fue fácil beberlo, porque tenía un sabor muy amargo y repulsivo. Conseguí tragarlo y le di las gracias al chamán. Luego me volví para observar el fuego, a unos tres metros delante de mí.

Todo iba bien hasta el momento y confiaba en el proceso. Los dos chamanes eran muy amables y atentos. Al cabo de unos veinte minutos, mis intestinos se revolvieron. Algo muy dentro de mí se estaba movilizando. Podía sentir cómo la medicina se movía hacia partes más profundas de mi intestino, que nunca antes había sentido en mi vida. Se removía y removía aún más profundamente en los tejidos de mi vientre.

Y entonces, sucedió. Todo salió en forma de vómitos violentos. Estaba de rodillas, inclinado hacia delante. Me sentía fatal y muy cansado. Estaba en mi propio espacio, con las manos en el suelo, y lo único que podía hacer era rezar para sentirme mejor. Me dolía la garganta y me sentía agotado por la intensidad. Seguí vomitando y luego empecé a sudar profusamente.

Pronto se me pasó el malestar y empecé a sentirme más ligero y considerablemente mejor. Uno de los chamanes se acercó y puso brasas de fuego calientes encima de mi vómito, para eliminar cualquier energía tóxica a mi alrededor y en el tipi. Lo que vino después no me lo esperaba en absoluto.

Una energía vital en movimiento cobró vida en mí. Me puso en una firme posición de meditación vertical y sentí que me volvía hacia el fuego. Estaba sentado como una cobra, con la espalda muy recta, el pecho saliente y la cabeza ligeramente baja. Sentí la energía de una serpiente viva dentro de mí y me quedé completamente quieto, concentrado en el fuego. Todo a mi alrededor desapareció. Me encontraba en un estado de consciencia total, pero estaba en otro lugar.

Yo era el fuego y, en el fuego, veía a la serpiente.

Los tres nos convertimos en uno.

El tiempo desapareció.

Me encontraba en un profundo estado extático de unidad.

Nada importaba.

La contemplación adquirió otra realidad.

Yo era paz.

Yo era expansión.

Era conocimiento.

Yo era Uno con el universo.

Y la serpiente era la conexión entre la tierra y el cielo.

Yo era la tierra.

Yo era el cielo.

Yo estaba en medio.

Era todo junto.

No había pensamientos, solo un estado de ser, inmensidad y éxtasis. El éxtasis era una fuerza inmensa y un estado mental al mismo tiempo. En ese vasto y gozoso estado de consciencia comprendí que mis problemas de piel podían resolverse. Pero aún tenía que investigar los siguientes pasos y crecer más en estas dimensiones de la consciencia.

¿Y cuáles eran los siguientes pasos? Sabía que la meditación era una puerta para comprender mis problemas desde una nueva perspectiva y, a partir de ahí, encontrar —con suerte— el origen de mi problema. Me daba esperanza. La ayahuasca, combinada con la postura de meditación (estaba sentado, completamente quieto) me abrió a esa visión y a su sabiduría.

Después de algunas horas sentado junto al fuego, estos estados de éxtasis y expansión de la consciencia se desvanecieron lentamente en un espacio semejante al capullo de una flor, protegido y pacífico. No me sentía cansado en absoluto, tan solo extremadamente relajado. Después de diez o doce horas, la ceremonia llegó lentamente a su fin. Ya era de madrugada.

Salí de la ceremonia con mayor consciencia, esperanza, gratitud y claridad mental. Comprendí que la ayahuasca era una medicina poderosa y decidí investigar todo el mundo del chamanismo. Me sentí muy agradecido por este increíble viaje interior y di las gracias a los dos chamanes por su atención y profesionalidad.

—¿De dónde venís? —les pregunté.

—Somos de Uruguay —me dijeron.

No me lo podía creer, porque mi billete de avión del día siguiente era a Montevideo, en Uruguay. Les dije:

—Mañana voy a Uruguay. ¿Hacéis estas ceremonias también en vuestro país? ¿Dónde puedo encontraros?

—¿Por qué no nos visita en nuestra comunidad, cerca de Montevideo? —contestaron.

¿Esto está pasando de verdad? No podía creer que me estuvieran invitando. Me emocioné.

—Por supuesto, lo haré. Será lo primero que haga cuando llegue a vuestro país.

Me dieron su dirección y, dos días después, me alojé en su comunidad, en su casa, durante toda una semana, conociendo a sus esposas y a sus hijos. Era una comunidad increíble. Sus familias me acogieron con un corazón cálido, curiosidad y cariño.

Unas semanas más tarde, mientras exploraba Uruguay y su belleza con mi bicicleta, me invitaron a participar en otra ceremonia, llamada «la búsqueda de la visión». Era un ritual de catorce días. No sabía qué me esperaba, confiaba en la planta medicinal sagrada ayahuasca, en los chamanes y en sus cariñosos familiares. Me sentí bien guiado por el universo.

La ceremonia tuvo lugar en la inmensa campiña verde de Uruguay. Había unas doscientas personas. La mitad de ellas planeaba sentarse durante cuatro, siete, nueve o trece días junto a un árbol de su elección. El primer año había que sentarse cuatro días en la naturaleza, sin comer ni beber nada. Quienes acudían por segundo año, debían sentarse siete días, quienes lo hacían por tercera vez, nueve días, y por último, quienes se implicaban en la ceremonia por cuarto año, trece días. Como era mi primera experiencia, me tocó sentarme durante cuatro días.

No vi a ninguno de los otros participantes, pero sabía que estaban en algún lugar del vasto paisaje. A todos se nos dijo que no abandonáramos el árbol, para conectar profundamente con la tierra y con nuestro espíritu. Por supuesto, podías abandonar tu zona de árboles en cualquier momento si querías terminar antes y volver al campamento base, que estaba en medio de la propiedad.

Así que pasé cuatro días y cuatro noches sentado junto a un árbol, sin comida ni agua. Solo me dieron una botellita de 300 ml que era una mezcla de un té de hierbas y peyote (otra planta medicinal). Solo llevaba pantalones, camisa y sudadera, y una manta grande para taparme por la noche. Dormía en la hierba, junto a mi árbol. Alrededor del árbol había cuatro palos formando un cuadrado de veinte metros cuadrados que delimitaban mi espacio protegido, que era la zona en la que debía permanecer durante los cuatro días y las cuatro noches. Era verano y los días eran largos y calurosos. Mi pequeño árbol de cinco metros me daba algo de sombra, cosa que agradecí.

Ya el primer día recibí visitas. Animales. Pasaron tres caballos salvajes mientras yo estaba tumbado junto al árbol, observando cómo se acercaban. Se aproximaron lentamente y se detuvieron frente a mí. Movieron la cabeza de un lado a otro, contemplándome durante al menos media hora. Qué momento, qué conexión. Increíble. Realmente me alegraron el día.

Pero entonces apareció otro animal. Lo vi a unos seis metros, desplazándose por el suelo hacia mí y el árbol. Una serpiente de un metro de largo. Me levanté de un salto y me alejé, sin abandonar mi cuadrado protector. La serpiente entró en mi cuadrado y se detuvo a dos metros de mí. Me miró con la misma curiosidad que los caballos. Mantuvimos el contacto visual durante un rato. Tenía miedo, sin saber si era venenosa o no. De todos modos, estaba seguro de que no era una boa constrictor. Al cabo de un rato, la serpiente siguió su camino y se marchó. Me sentí aliviado y le di las gracias a la madre naturaleza.

En los dos primeros días me acabé mi bebida pequeña y fue fácil no beber más. Tampoco sentí hambre. Pero el tercer día, soleado y caluroso, sentí mucha sed. Me dije que podría completar mi búsqueda de cuatro días y cuatro noches. Pero entonces, el cuarto día de calor, lo pasé realmente mal. No de hambre, sino de sed. Todo iba más despacio. Me tumbé en la poca sombra que me ofrecía el pequeño árbol. Podría haber dado por terminada la aventura en ese mismo momento y volver al campamento base, donde las otras cien personas, más o menos, estábamos sosteniendo nuestros trabajos individuales.

Sin embargo, algo en mí se sentía fuerte. ¿Era esperanza, confianza, un propósito? Tal vez, en cierto modo, eran todas esas cosas. Como suele ocurrir cuando sufro, me siento perdido o, en este caso, mareado, se puso en marcha un mecanismo natural de autoayuda. Empecé a rezar. Y obtuve una respuesta: la Madre Tierra me abrió su sabiduría.

Me volví uno con la Madre Tierra.

No me sentí separado de ella.

Era parte de ella.

Podía respirar a través de ella.

La Madre Tierra estaba viva.

La Madre Tierra era un ser.

Su mensaje era claro: «Tenemos que cuidarla y no destruirla, nuestra Tierra. No solo la Madre Tierra, sino todo nuestro hermoso hábitat, con todo y todos los que lo habitan. La gente en el poder está perdida en la avaricia y en el ego, y por esa razón no habrá un futuro brillante».

El mensaje era profundo. Lo comprendí y vi venir el oscuro futuro. Ese mensaje me empujó a ser fuerte, a aguantar y a dar lo mejor de mí. A la mañana siguiente, cuando me recogieron los ancianos (chamanes) al amanecer, estaba muy agradecido por aquella profunda experiencia con la Madre Tierra en esta búsqueda de visión.

Esa noche hubo una ceremonia de clausura con ayahuasca; la medicina no procedía de Brasil, sino de la selva amazónica de Ecuador. No sabía que había distintos tipos de ayahuasca, pero la de Ecuador era más densa y de un color verde más oscuro. Y... ¡Oh! ¡Qué noche!

Me arrastraba por el suelo suplicando ayuda, me sentía fatal. De nuevo, la medicina penetró profundamente en zonas de mis intestinos de una forma que nunca antes había sentido. Sentí una profunda fuerza limpiadora, seguida de nuevo por el vómito. En este breve periodo de tiempo, mi petición de ayuda emanaba de mi alma de la forma más natural.

Una vez que todo el desagradable proceso de cinco a siete minutos hubo terminado, me encontré de nuevo alineado en la postura de meditación de la cobra por fuerzas más profundas de la consciencia. No solo me sentí increíble, sino que también estaba en un profundo estado de ser. En lugar de observar el fuego frente a mí, esta vez cerré los ojos y me encontré observando el universo, sus estrellas, sus galaxias y toda su luz y movimientos. Era como ser un dios, con mi mente cósmica jugando con todos mis juguetes universales: galaxias, luz y velocidad.

A la mañana siguiente, junto con otras personas, me invitaron a Brasil para asistir a otros cuatro días del Festival de la Danza del Sol. Acepté y confié en el universo y la fluidez de la experiencia: las cosas simplemente se sucedían unas a otras, naturalmente. Al día siguiente, salimos hacia Brasil en un minibús alquilado. En Brasil se abría todo un mundo nuevo, una dimensión mayor de rituales, ceremonias y poder. Tras un viaje de doce horas por terreno montañoso, llegamos a la zona de alta montaña del sur de Brasil, lejos de cualquier pueblo o civilización. Montamos las tiendas, nos duchamos y nos preparamos para la siguiente ceremonia de ayahuasca.

Esta vez, la ceremonia se celebró en el interior de un gran templo con cúpula de madera. Formamos cuatro círculos consecutivos alrededor de la hoguera central. Éramos casi doscientas personas. Era una gran fiesta y muchos chamanes de alto rango de toda América Latina estaban presentes. Hubo cantos y todo el mundo tuvo la oportunidad de entonar una canción ceremonial. Los brasileños saben cantar. Sus voces y armonías eran de otro mundo.

Nos dieron a todos un vaso de jugo de ayahuasca. Como de costumbre, sentí cómo la medicina penetraba en zonas profundas de mis intestinos, limpiándolos, antes de adoptar mi postura de meditación de la cobra, impecablemente erguida y sentada, contemplando el gran fuego del centro. Esta vez experimenté asombro, gratitud, belleza interior y amor durante toda la noche.

Yo era la Unidad.

Yo era Alegría.

Fui Compasión.

De nuevo, ciertas fuerzas de la consciencia se abrían y facilitaban mi bienestar a todos los niveles. Sabía que la planta me estaba proporcionando todas estas experiencias poderosas que me daban más conocimientos sobre mi salud, mi piel y mi investigación de algo que, por aquel entonces, aún no sabía cómo nombrar. Era la búsqueda de la sanación y de algo más.

En este entorno de ritual comprendí la importancia de la integridad a la hora de presentar esta poderosa planta a los recién llegados. Desgraciadamente, hay muchas historias tristes en torno a la ayahuasca. Algunos son estafados económicamente, otros caen en manos de supuestos chamanes que en realidad son hechiceros y otros utilizan la planta en fiestas. Tuve mucha suerte de ser bien guiado en los entornos rituales correctos, donde los chamanes trabajan con absoluta integridad.

Este primer ritual en Brasil fue uno de los más impactantes, ya que lo celebraron todos los chamanes conocidos de toda América Latina. Sentir su compromiso e integridad en este trabajo fue realmente una experiencia de otro nivel.

Durante los cuatro días siguientes me asignaron al grupo de canto, animando a unos setenta chamanes danzantes a través de nuestras voces, cantando canciones nativas. Todavía no estaba preparado para ser Danzante del Sol: primero, tenía que completar cuatro años de la búsqueda de la visión, que implicaba sentarse junto a un árbol durante cuatro, siete, nueve y trece días cada año consecutivo. No había DJ ni equipo de música. La música se hacía, como en los viejos tiempos, usando solo nuestras voces y tambores.

Un día hubo una gran tormenta. Unas nubes oscuras trajeron una lluvia torrencial que nos bañó con agua fría. Los bailarines, que estaban sometidos a las mismas normas estrictas de no beber ni comer durante cuatro días, estaban muy emocionados por recibir este precioso regalo de agua fresca que les llovía desde arriba. ¡Qué delicia!

Me enteré de que, para convertirse en chamán, la formación duraba al menos ocho años: cuatro para sentarse junto a un árbol y otros cuatro para convertirse en un auténtico Danzante del Sol. Muchos de los bailarines eran miembros de alto rango y chamanes de un linaje concreto.

Fue una experiencia poderosa, ver a todos estos chamanes frente a mí, bailando y entrando en estados de trance. Era como si hubiera viajado siglos atrás en el tiempo, a la época en que los indios nativos realizaban todos sus rituales en profunda conexión con la naturaleza y el espíritu, mucho antes de que llegaran los conquistadores europeos.

En mi experiencia personal, estar en el coro de cantos desde el amanecer hasta la puesta de sol y recibir cada dos o tres horas un vaso de ayahuasca fue algo fuera de este mundo. Cantar con ayahuasca activaba ciertas fuerzas de mi voz que nunca antes había sentido. Mi voz se volvió potente, como una corriente de energía que salía de mi ser hacia los bailarines y más allá. Mi voz estaba llena de sustancia y energía que llegaba a los corazones y almas de los bailarines. Era como estar en trance, no como bailarín, sino como cantante, conectado a una fuerza superior.

Me sentí muy agradecido por haber sido invitado a estos eventos y por conocer a gente y chamanes tan extraordinarios. Muchos de los chamanes eran médicos y psicólogos, lo que hizo que la experiencia fuera aún más gratificante. Fue increíblemente enriquecedor ver cómo la ciencia y la espiritualidad se unían en este entorno chamánico. Me acordé mucho del Dalai Lama, que también se reunía con neurocientíficos para fundar el Mind Life Institute, donde integraban estudios de la neurociencia con la meditación y contemplación.

El evento no terminó con la Danza del Sol. Los chamanes de alto rango me invitaron una vez más a continuar, participando en más rituales. Quizá percibieron mi energía o vieron algo en mí o me sintieron como su hijo, quién sabe. Nunca pregunté por qué. No sabía qué esperar. Me dejé llevar y confié en esta gente y en su medicina. Una vez más, viajaba en una furgoneta hacia el siguiente lugar, en la selva profunda de Brasil.

Este siguiente ritual duró veintiún días. Trabajamos día y noche, produciendo miles de litros de ayahuasca. Podía dormir cuando quisiera, pero en cuanto me despertaba, estaba en la selva recogiendo la raíz de la liana, que es el ingrediente principal de la ayahuasca. Los hombres recogían la enredadera, que puede crecer hasta cuarenta metros en todas direcciones, y las mujeres recogían la hoja de la planta. Estos eran los únicos ingredientes necesarios para producir esta poderosa medicina.

Cada hora sonaba un enorme gong procedente de la cocina principal, donde ardía un fuego constante. Era la llamada para otra toma de ayahuasca. Cada hora bebíamos un vasito de ayahuasca, poco después, vomitaba como de costumbre y volvía directamente a trabajar en la selva. A veces cortaba leña para el fuego que alimentaba las enormes ollas donde se cocinaba la planta o limpiaba la liana en un pequeño arroyo y la cortaba en trozos más pequeños, para que fuera más fácil trabajar con ellos. En una de mis visitas al arroyo, me adentré un poco en el bosque para orinar. Después de hacer mis necesidades, miré hacia la espesura del bosque. Había algo nuevo en mi sentido de la vista. Levanté la mano derecha en el aire, delante de mí. Mi mano era una con todo lo que la rodeaba. No había separación entre mi mano, los árboles, los arbustos y todo lo que la rodeaba, incluso el aire. Todo era una sola sustancia o realidad.

Mi visión era la Unidad.

Perdí la noción del tiempo.

De algún modo, el tiempo se ralentizó.

Me quedé mirando la Unidad, todos sus colores, luces y formas.

La belleza en todo su esplendor.

Sentí asombro y gratitud hacia la planta de ayahuasca y hacia la experiencia que se desarrollaba delante de mí y en mi interior. No había nada por lo que precipitarse, todo tenía su propio ritmo. El mensaje era: «Venimos a la Madre Tierra para contemplar la belleza que nos rodea, para conocernos a nosotros mismos y unirnos a nuestra dimensión divina».

No recuerdo cuánto tiempo permanecí allí, en contemplación. Finalmente oí sonar un gong que me convocó a la cocina para tomar otro vaso de ayahuasca.

Después de nueve días, la fiebre y el sudor me atacaron. Necesitaba descansar y tumbarme. Durante los dos días siguientes, cada tres o cuatro horas, vino un chamán y me dio una sesión de curación. El segundo día de fiebre, a última hora de la tarde, ocurrió algo. Estaba descansando con los ojos cerrados y, de repente, aparecieron imágenes en mi Espacio Interior de consciencia. Visiones de mi infancia. Me vi como un niño pequeño, de unos tres años. Estaba en el hospital, mirando por la ventana con la esperanza de ver a mis padres. Me sorprendió la claridad de mi visión, que me demostraba que, sin lugar a dudas, había estado en el hospital cuando era pequeño. También me sorprendió la forma en que era posible que hubiera olvidado o enterrado esas emociones y recuerdos.

Aparecieron más imágenes de mi estancia en el hospital, sobre todo aquellas en las que me veía mirando por la ventana, esperando ver si mis padres habían llegado o cuándo se iban. En aquel momento, en Brasil, me di cuenta de que de niño había estado mucho tiempo en el hospital. Después de observar al «pequeño yo» o a «mi niño interior», empecé a sentir la soledad y la profunda tristeza del niño en mi pecho. Qué dolor tan profundo, y tan profundamente grabado en mi pecho. Quería llorar, pero no podía. Quería volver a conectar con mi niño interior, pero ya me parecía imposible. No podía acceder a la mezcla de emociones que sentía mi niño interior, así que las imágenes desaparecían poco a poco.

Los efectos que aquello tuvo en mí fueron enormes. Toda mi vida tenía más sentido. Comprendí por qué llevaba una profunda tristeza dentro de mí y por qué era tímido, inseguro y había caído en la drogadicción. Quizá incluso mis problemas de piel tuvieran algo que ver. Todo esto fluía por mi mente. Quería hablar con mi madre, pero aquí, en el bosque, era imposible encontrar cobertura telefónica. Tuve que armarme de paciencia y esperar a que terminara toda la ceremonia.

Unas semanas más tarde, tras mi inevitable regreso a Ibiza por trabajo, encontré tiempo para llamar a mi madre y preguntarle todo sobre mi estancia en el hospital, por qué estuve allí, durante cuánto tiempo y qué había pasado. Sus explicaciones fueron asombrosas...

CAPÍTULO 11

MEDITACIÓN DEL TERCER OJO

Año 2006, con 36 años

De vuelta en Ibiza, unos meses después de la inmersión en la ayahuasca, un amigo mío italiano llamado Mario se dirigía a la isla desde Barcelona. Al perder su vuelo a Ibiza, acabó pasando la noche en la Ciudad Condal. Le encanta leer y fue a una librería. Mientras paseaba por sus pasillos, un libro cayó de la estantería en sus manos. Le pareció un signo de buen augurio y lo compró. Días después, me lo dio:

—Alex, aquí tienes un libro que creo que te puede gustar.

Tomé el libro en mis manos: *Cómo despertar el tercer ojo*, de Samuel Sagan.

—Lo he buscado en internet y hay un curso en España que empieza a finales de verano. ¿Vamos? —sugirió Mario.

Al tener el libro en mis manos y leer los capítulos, me di cuenta de que la visión que había tenido de mi triste niño interior en la selva brasileña era en realidad una experiencia del tercer ojo. Ese mismo día llamé a Mario para decírselo.

—¡Vamos a reservar el taller!

Unos meses después me encontraba instalado en el curso, sentado en mi primer retiro de meditación del tercer ojo con otros quince recién llegados. Seguía la voz guía de Charlotte, nuestra instructora de meditación de Sydney, Australia. Era un proceso paso a paso. Centrar la atención en el entrecejo era un nuevo enfoque de la meditación. No solo centraba mi atención allí, sino que también contemplaba mi Espacio Interior de consciencia. Tuve que desprenderme de cualquier visualización mental y de las expectativas.

La voz de Charlotte me guiaba para que sintiera cómo el aire tocaba el centro de mi garganta, alrededor de la parte posterior de la laringe, activando una determinada vibración o pulsación de energía en esa zona. Samuel Sagan lo llama «la activación de la energía de la laringe». Tardé un rato en sentir esa sutil pulsación en el centro de la garganta. Las instrucciones posteriores de Charlotte consistían en conectar esa sutil vibración de la garganta con el Espacio Interior del entrecejo para potenciar cualidades como la oscuridad, las luces, los colores, los movimientos, el espacio, los sonidos interiores, la calma, la profundidad, etc.

Al principio, todo estaba oscuro en mi Espacio Interior, como si observara una pantalla apagada. Después de media hora contemplando aquella oscuridad, aparecieron ciertos movimientos de colores y luces que me hacían avanzar y retroceder, como en una espiral. En ese momento me emocioné ante esta nueva profundidad y comprendí que había algo más por descubrir. Me sentí como un niño curioso observando las estrellas. Este Espacio Interior era vívido, estaba vivo y yo tenía la sensación de avanzar. Me llevó a una mayor profundidad, a una mayor quietud. Aprendí a convertirme en observador. A veces me sentía como arrastrado por un vórtice que amplificaba la profundidad y la calma interior. Otras veces, me sentía atascado y no tenía ninguna experiencia, solo pensamientos. Entonces comprendí una cosa: cuanto más deseaba tener una experiencia, menos sucedía, ya que mis expectativas mentales tomaban el control. Cuanto más aprendía a dejar de lado mi conversación mental y mi anhelo de tener experiencias más profundas, más se abrían la profundidad y las cualidades de mi tercer ojo en mi Espacio Interior.

El segundo día del curso, Charlotte nos enseñó las técnicas del Espacio Interior (TEI) desarrolladas por Samuel Sagan. Se necesitan dos personas: una se sienta en postura de meditación sentada (llamémosle «el dador») y la otra se tumba frente a ella (llamémosle «el receptor»).

Ambos cierran los ojos y entran en el paisaje interior del tercer ojo. No sabía qué esperar, porque todo esto era nuevo para mí. Elegí a mi amigo Mario. En esa primera ronda, yo estaba tumbado cerca de él como receptor, mientras él estaba sentado a mi lado en postura de meditación, como dador. Me puso la mano en el pecho y, al cabo de un rato, empezó a dolerme.

Mario comenzó a preguntarme:

—¿Qué sientes o ves?

—Me siento incómodo y no puedo mover el cuerpo. Estoy atascado.

—Siente la incomodidad —dijo Mario.

Al cabo de un rato, le dije:

—Mi cuerpo y mi pecho pesan cada vez más. Siento como si estuviera tumbado en un suelo de piedra.

—¿Sientes que tienes el cuerpo más grande o más pequeño? —continuó Mario.

—Mi cuerpo parece más grande y me siento, en cierto modo, derrotado —le dije.

Sabía que estaba tumbado delante de Mario en la sala de meditación, pero en otra dimensión más sutil de mi Espacio Interior, me sentía como si estuviera tumbado, sufriendo, derrotado en un campo de batalla siglos atrás. Sentía que moría lentamente y tenía una sensación de profunda tristeza por no volver a ver a mis seres queridos.

—Me siento triste. Siento el pecho tenso —le dije a Mario.

—Alex, siente la tristeza —contestó Mario con su voz afectuosa.

—Me duele, me siento perdido y solo —le dije.

El dolor y la tristeza se hicieron cada vez más intensos en mi cuerpo y en mi mente, y entonces, sucedió. Al cabo de una hora de sesión, empecé a llorar. Las lágrimas me rodaban por la cara y se me abrió el pecho. El dolor y la tristeza fluyeron fuera de mí.

Me sentí bien. Me sentí aliviado. Por fin me estaba soltando. Después de veintitrés años, podía volver a llorar. Durante el proceso, el dolor de mi cuerpo se suavizó. Me sentí más ligero y sostenido por mi Espacio Interior del tercer ojo.

Mario siguió sosteniendo el espacio un rato más. En estos últimos momentos de la sesión le dije:

—Ahora veo más luz en mi Espacio Interior. Lo siento como un bálsamo que me nutre. La luz y su calor me cuidan. Gracias, Mario, por sostenerme.

Al terminar la sesión y abrir los ojos, le di un fuerte abrazo. Aquel día me sentí más vulnerable, y eso me sentó muy bien.

A partir de esa experiencia de apertura, comprendí plenamente a Brené Brown y su charla TED sobre «el poder de la vulnerabilidad». Ella dice: «Al ser vulnerables, hay poder, hay una mayor sensibilidad que nos conecta con nuestros seres queridos y con nuestro mundo interior».

Ese día me sentí más sensible y más conectado conmigo mismo y con los que me rodeaban. Un mundo nuevo se abría ante mí.

Cada día trabajaba con un compañero diferente. La siguiente sesión, con Paco, fue una historia completamente diferente. De nuevo, yo estaba tumbado como receptor. Esta vez Paco era el que daba el espacio, guiándome con su voz:

—Sigue relajándote en tu espacio del tercer ojo. Deja ir cualquier expectativa y solo sé receptivo... Déjate llevar por la corriente.

Al cabo de un rato, me preguntó:

—¿Qué sientes ahora?

—Me siento muy tranquilo y mi cuerpo se siente ligero y expandido —contesté.

Paco continuó:

—Sigue ese espacio de expansión.

Podía sentir cómo me expandía más y más. Mi consciencia se expandía más allá de mi cuerpo y me sentía bien, más ligero, aliviado.

—Me siento libre y hay más luz alrededor de mi cuerpo.

—Sigue expandiéndote, Alex —continuó Paco.

Poco a poco me sentía cada vez más en paz. Me sentía lejos de mi cuerpo y de sus contornos físicos. Empecé a ver formas y estructuras sutiles que se expandían delante de mí, llenas de luz. Le conté a Paco mis sensaciones. Me dijo:

—Sigue expandiéndote en la luz que tienes delante. Y mira cómo te hace sentir.

Caí en la luz y me mostró cómo darme un gran baño de caricias. Me sentí sostenido por Paco y por toda la energía dentro y alrededor de mi cuerpo. Yo era más que un cuerpo. La expansión de la consciencia estaba trayendo una comprensión más profunda de conocimiento. Yo era luz. Yo era expansión. Yo era sabiduría. Esta sesión no fue una sesión emocional de dolor o sufrimiento como la anterior, fue de expansión y libertad. Me llené de cualidades de paz interior y de claridad mental interior.

Durante los días siguientes, seguimos utilizando la metodología del Espacio Interior (dador y receptor) para explorar capas más profundas del cuerpo y la mente.

Este curso no se creó con un énfasis terapéutico, sino como una exploración para despertar estados de consciencia más profundos y sutiles. El propósito del curso era ayudarnos a acercarnos a nuestro Yo más elevado y verdadero. Los efectos secundarios de estas prácticas eran la sanación de nuestras heridas emocionales, angustias mentales, bloqueos sexuales, energéticos y físicos, y mucho más. Las prácticas no tenían nada que ver con la visualización, la imaginación o cualquier tipo de drama creativo. Fue a través de la quietud y la consciencia del aquí y ahora que se abrió toda una nueva paleta de percepciones, comprensión, recuerdos escondidos y visiones.

Por la noche todos nos sentamos en un gran círculo para compartir nuestras experiencias personales derivadas de las sesiones de dar y recibir durante el día. Esta fue una de las lecciones más importantes que me llevé del curso. Escuchar las experiencias de los demás, cada tarde, despertó en mí una profunda curiosidad por utilizar este tipo de trabajo con el tercer ojo en un entorno terapéutico.

El resto de la semana me sentí atascado y desconectado de cualquier emoción. En muchas sesiones, no sentí ni vi nada. Aquí y allá percibía movimientos o vibraciones en diferentes partes del cuerpo, pero nada profundo. Ni siquiera pude acceder a los recuerdos de infancia de ese niño interior que vi en Brasil. Esta parte del niño interior parecía como sellada, me resultaba imposible acceder a ella. En todo este proceso, comprendí claramente que tenía muchos bloqueos en el cuerpo y en la mente. También me quedó más claro que este trabajo del tercer ojo podría permitirme curarme sin tomar más medicina chamánica como peyote, ayahuasca y hongos.

Entonces, de repente, durante una meditación guiada sentada del tercer ojo impartida por Charlotte, tuve una experiencia profunda que me cambió la vida. Estaba sentado en postura de meditación, cultivando mi espacio interior y mis cualidades internas. Hacia el final de la sesión, surgió una voz desde lo más profundo de mi ser:

SIGUE A ESTA MUJER Y VETE A AUSTRALIA.

Esta voz interior llegó con una intención y una certeza tan fuertes... Era la misma que había oído cuando era adolescente y me escondía en el granero, huyendo de mi padre, pensando en distintas formas de suicidarme.

Me quedé atónito. Sostuve el espacio de donde provenía la voz. Era un mensaje con profundidad y supe que tenía que seguirlo. Unos años antes, durante mi viaje en bicicleta por la India, no había escuchado esa voz y me había dejado guiar por el miedo, pero esta vez me dije que la seguiría. Me llegó con absoluta claridad, desde un profundo estado de silencio interior. Estoy seguro de que todo el mundo tiene esa voz interior dentro de sí, pero a menudo se oscurece y no se escucha, debido al caótico estado mental en el que vive mucha gente.

Cuando terminó la meditación guiada y la gente compartió sus experiencias, me acerqué a Charlotte y le dije:

—Quiero ir a Australia durante los próximos seis meses. Quiero saber más sobre la escuela de meditación Clairvision y poder aprender más de ti.

La primera expresión de Charlotte fue de sorpresa o, quizás, de alegría o intriga.

—Por supuesto que puedes venir —dijo—. Cuando esté de vuelta en Australia, hablaré con Samuel Sagan y volveré a ponerme en contacto contigo.

Dos semanas después, recibí un correo electrónico de Charlotte con una invitación para ir a Australia. Unos días más tarde, estaba en un avión rumbo a Sydney.

¡Y pensar que todo esto surgió a raíz de que Mario perdiera el avión en Barcelona y encontrara el libro del tercer ojo de Samuel Sagan en una librería...!

Esta vez, seguí mi voz interior, sin ceder a mis incertidumbres ni permitir que interfirieran mis planes anteriores de volver a Brasil y seguir formándome en el chamanismo. La voz interior me había dejado claro que tenía que cambiar de rumbo y seguir a Charlotte a Australia.

CAPÍTULO 12

ENCUENTRO CON SAMUEL SAGAN

Año 2006, 36 años

Llegué al aeropuerto de Sydney de madrugada. Charlotte me había ofrecido amablemente alojarme en su casa, así que cogí un taxi y, treinta minutos después, estaba en una zona llamada Newtown, llamando a su puerta. Estaba emocionado y un poco nervioso al mismo tiempo. Me abrió con una gran sonrisa que aún recuerdo.

—Bienvenido, viajero —me dijo.

Después de enseñarme mi habitación, me duché y me senté con ella en la mesa de la cocina. Otra señora llamada Olivia, que también vivía con Charlotte, se unió a este encuentro. Querían saber cómo había sido mi viaje y conocer un poco mis antecedentes. Al cabo de un rato, Charlotte me dijo que me habían invitado a apuntarme a las clases semanales para principiantes que la escuela daba todos los miércoles por la tarde en Sydney.

—¡Estupendo! ¿Hay algo que deba saber antes de unirme a la clase?

Olivia salió de la habitación y volvió con un cuaderno de Samuel Sagan.

—Repasa este texto durante las próximas semanas para aprender el lenguaje sobre el mapeo de la conciencia que utilizamos en la escuela. Vas a conocer a gente nueva. Sé abierto y receptivo —me animó.

Podemos usar la noción de GPS como metáfora para entender este concepto de «mapear la consciencia». Antes de tener GPS, un taxista tenía que saber todas las calles de una ciudad. El conductor profesional sabe enseguida cómo llevar a sus pasajeros a su destino; y lo mismo ocurre con el mapeo de la conciencia desarrollado por el Dr. Samuel Sagan y sus estudiantes durante veinte años. Cuanto más leía este texto, más me daba cuenta de la complejidad de la psique del ser humano y de que había todo un lenguaje nuevo gracias a estos paisajes interiores.

Me sentí muy bien acogido por estas dos señoras, que serían mis compañeras de casa durante las ocho semanas siguientes. Eran grandes comunicadoras y cocineras, y ambas trabajaban en el Gobierno. Me impresionó la manera en que compaginaban su vida espiritual con sus responsabilidades profesionales, que eran muchas.

Ese mismo día empecé a leer el volumen sobre los cuerpos sutiles. Había muchos conceptos nuevos y palabras de las que nunca había oído hablar, como «cuerpo astral». Tardé varios años en experimentar por mí mismo ese concepto. Por fin llegó el miércoles y me entusiasmé con el comienzo de la primera clase. Salí de casa con tiempo de sobra, cogí el metro hasta el centro y eché un vistazo a los alrededores antes de que empezara la clase.

Conocí a los otros alumnos y alumnas que se encontraban en el nivel inicial de aprendizaje y que también se habían apuntado a la formación semanal de los miércoles. Luego conocí a nuestra maestra de ceremonias, Lucía. Fue nuestra instructora durante los meses siguientes y me recibió con cariño, curiosidad y calidez. Tenía unos ojos radiantes y expresivos, y parecía muy presente en su cuerpo. Me preguntó enseguida:

—¿A qué has venido?

—He venido a buscar sanación —contesté tímidamente.

—¿Y tal vez la iluminación? —preguntó Lucía.

Su último comentario me impresionó profundamente.

Durante las siguientes ocho semanas en las tardes de los miércoles realizamos muchas prácticas profundas. En estas cuatro horas seguíamos ahondando en la estructura sutil del tercer ojo mediante las meditaciones y las mismas prácticas del Espacio Interior en parejas que hicimos en España. Hacia el final de las sesiones, nos sentamos todos juntos en círculo y compartimos nuestras experiencias, aprendiendo unos de otros y recibiendo feedback de Lucía.

Cuanto más me aventuraba en estas sesiones de entrenamiento semanales, más me daba cuenta de lo bloqueados que estaban mi mente y mi cuerpo, y de cómo mi mundo interior de sensaciones y sentimientos no fluía libremente. Hasta entonces, muchos profesionales me habían dicho lo que veían en mí, por qué creían que tenía problemas de piel. En última instancia, todos los consejos y opiniones eran suyos —quizás, incluso más dirigidos a ellos mismos—, por lo que apenas tuvieron ningún efecto positivo en mí. Pero ahora, por fin, estaba a cargo de mi propio proceso, confiando en mis visiones personales únicas y creciendo hacia un estado más maduro de comprensión personal.

Charlotte y Olivia me recomendaron que me pusiera en contacto con otros estudiantes para intercambiar prácticas, así que organicé sesiones durante la semana, unas veces en casa de Charlotte y otras en el centro de meditación, a lo largo del día. Durante los años siguientes, me sumergí en prácticas con más estudiantes entusiastas que también querían profundizar en sí mismos, para aprender y superar ciertos problemas.

Mi rutina en Sydney durante los meses siguientes era, más o menos, como sigue:

Todos los lunes, pasaba entre tres y cuatro horas dando y recibiendo prácticas con Lucas. Los martes estaba con Noah, los jueves con Isabel y los viernes con Benjamin. Cada miércoles era la clase semanal, en la que nuestro instructor nos ayudaba a profundizar en nuestro espacio corporal y mental.

Este tiempo supuso una introducción al vasto conocimiento espiritual proporcionado por el Dr. Samuel Sagan, el fundador de la escuela de meditación Clairvision y de las técnicas del Espacio Interior. Durante el fin de semana reservaba tiempo para estar con Charlotte, hacer prácticas adicionales o ir a la playa con algunos nuevos amigos de la escuela.

Después de estas intensas ocho semanas en Sydney me invitaron a asistir a un taller en las Montañas Azules, a unas cuatro o cinco horas de Sydney, en el centro de retiros de la escuela. Llegar al centro fue otra sorpresa. Toda la propiedad estaba rodeada de montañas y había un bosque interminable de eucaliptos por todos lados. Era un lugar que se sentía muy solitario y protegido.

Monté mi pequeña tienda, hinché mi colchón y desenrollé mi saco de dormir. Me sentía muy feliz en mi cueva protectora hecha por el hombre. Me recordaba a mis viajes por la India, Uruguay y Brasil, rodeado de naturaleza, de lo inesperado. Cada amanecer traía un nuevo día prometedor. Durmiendo al aire libre, en la naturaleza, la tendencia de mi cuerpo era despertarse poco antes del amanecer. Creo que tenía que ver con estar más conectado con la Madre Naturaleza y los ciclos naturales del amanecer y el atardecer. Me hizo darme cuenta de lo mucho que los seres humanos hemos perdido nuestra conexión con la naturaleza al vivir en grandes ciudades.

Estaba sentado con unas treinta o cuarenta personas en una sala de meditación esperando la llegada de Samuel Sagan, que fundó la escuela en 1987 en Sydney. La mayoría de los presentes habían entrenado con él durante años y yo era el recién llegado a este círculo íntimo. Sagan llegó, se sentó en postura de meditación, miró a su alrededor y cerró los ojos. Durante las semanas siguientes, me sumergí en su energía y sus enseñanzas.

Al día siguiente algunas personas fuimos a dar un paseo con Samuel. Él se acercó a mí para saludarme y preguntarme mi nombre.

—Hola Samuel, soy Alex —le contesté.

Sus ojos sonreían y me preguntó de dónde venía y qué trabajo hacía.

—Oh, es una larga historia. Soy de origen alemán, pero me trasladé a Ibiza cuando tenía veintitrés años. Tengo un negocio de venta de entradas para conciertos, discotecas y eventos a turistas en la temporada de verano.

Cuando me preguntó si me gustaba mi trabajo dudé en contestar porque la pregunta me hizo pensar…

—La verdad es que ya no tanto. Al principio era divertido y conocí a mucha gente interesante de todo el mundo. Pero ahora me encantaría hacer algo diferente en mi vida, aunque no estoy seguro de qué.

Volvió a sonreír y eso hizo que nuestro primer encuentro cercano fuera muy cálido.

Durante las semanas siguientes, se me acercó con frecuencia para preguntarme cómo me iba con las prácticas. Me sentí realmente atendido por él, como un padre que cuida de su hijo pequeño. Me causó una impresión natural y muy realista. Estaba muy bien considerado en su comunidad como maestro espiritual, pero se presentaba como uno más. Al menos, así lo veía yo.

También era científico: doctor en medicina, en primer lugar, con el título de maestro en Ciencias Sagradas, autor de más de quince libros y era, además, doctor en medicina también por su tesis sobre los cuerpos sutiles.

Durante los siguientes diez años, me uniría a muchos entrenamientos en Australia y, más tarde, en los Estados Unidos, bajo su guía personal como maestro espiritual. Samuel dejó su cuerpo pacíficamente en 2016.

Durante los siguientes diez años, a veces lo veía más como a un padre, otras veces, lo sentía más como a un igual (como a un hermano), mientras que otras veces era mi maestro espiritual. Sus enseñanzas iban más en la línea del compañerismo, de ser todos iguales, y no tanto de una relación entre gurú y alumno.

El curso inicial con Samuel como maestro de ceremonias fue intenso. Nos sentábamos en postura de meditación y, con su guía, sentí el entrecejo: empezaron a surgir sensaciones de luz, oscuridad, colores, sonidos internos, formas y movimientos. Ver y sentir se convirtieron en una sola cosa.

Me sentí atraído por estas nuevas cualidades de mi tercer ojo. Sentí como una interiorización de la conciencia, una sensación de adentrarme.

«Adentrarse» significa sentir una sensación o cualidad y seguir su flujo natural hacia el interior, es decir, dejarse guiar por ella. El tercer ojo es un poderoso mecanismo que lleva la consciencia a sus reinos más sutiles.

Siempre había una fase de quietud en la sala en la que nos daba tiempo a sentir cualquier sensación sutil. Con el tiempo, sentir se convirtió en ver.

Al cabo de un rato nos guió más adentro. Seguí los movimientos internos de la consciencia de mi tercer ojo, viajando a la parte posterior de mi cabeza y luego moviéndome hacia adelante, a la zona de la frente.

Me di cuenta de que no podía acceder fácilmente al centro de la cabeza, pero podía mover la consciencia hacia delante y hacia atrás con más facilidad.

Nos dio nuevas pautas y ánimos, y entonces sentí una fluidez y apertura cada vez mayores, ampliando las cualidades de mi espacio interior. Entonces conseguí fluir mucho mejor de la parte posterior a la frontal de mi cabeza y viceversa. Nos dijo que practicáramos a diario esta experiencia particular del túnel para construir este eje sutil y este cuerpo sutil que es el tercer ojo. En *Cómo despertar el Tercer Ojo*, Samuel menciona el poder del túnel del tercer ojo e instruye a los lectores para que fluyan con su consciencia hacia delante y hacia atrás hasta que la experiencia del túnel sea más estable. Una de sus enseñanzas esenciales es utilizar cualquier estación del túnel del tercer ojo durante todas las actividades cotidianas para fomentar la claridad mental, tomar mejores decisiones, alinearse con el cuerpo y el yo superior y, por supuesto, desarrollar la presencia en el aquí y ahora.

Me intrigó recordar cómo cinco años antes, en mi primer retiro de meditación budista, había mencionado al instructor de meditación que experimentaba la sensación de que algo dentro de mi cabeza se estaba construyendo. En aquel entonces, el instructor se limitó a animarme a continuar, pero no me ofreció más explicaciones, mientras que aquí, con Samuel Sagan, se trataba de un bloque de construcción fundamental para experiencias más profundas en la consciencia.

Tras unas semanas inmerso en el centro de retiro de las Montañas Azules, los cursos llegaban a su fin. Hubo una última oportunidad de hablar con Samuel antes de que partiera hacia Estados Unidos. Le paré para preguntarle si podía unirme a las actividades online, donde se compartían enseñanzas e información en línea entre Samuel y su alumnado.

-Samuel, tengo una última pregunta, por favor. Me gustaría mucho unirme a los cursos online de la escuela - le dije.

Me preguntó cuántos de los KT (los «Knowledge Tracks», los cursos, que en aquel entonces se grababan en CD) había completado.

En ese momento, sentí que todo mi cuerpo se enderezaba en una posición vertical precisa. Una fuerza superior de energía o consciencia tiró de mí hacia arriba, hacia una vasta dimensión del espacio. Un pilar de luz mantenía todo mi cuerpo totalmente vertical. Me quedé perplejo. ¿Qué es esto?, me pregunté internamente.

Y aquí estaba de nuevo la voz interior. Solo que esta vez bajó, o quizás viceversa, me elevó a un reino superior de consciencia. La voz llegó con intensidad, claridad y significado. Era la misma voz interior que me dijo que fuera a Australia unos meses antes. Me instó:

¡DI LA VERDAD!

Sorprendido y desconcertado, seguía manteniendo el contacto visual con Samuel. Me pregunté en esa fracción de segundo: ¡¿Qué está pasando?!

Si no fuera por la voz interior, que aparecía con tanta intensidad, le habría dicho a Samuel que había hecho algunos de los KT, pero ahora solo había una posible respuesta correcta, y era la verdad absoluta:

—He hecho un KT hasta ahora —le confesé.

Me miró y me indicó que hiciera más antes de unirme.

–De acuerdo, lo haré–, dije, algo derrotado.

Y se marchó.

Y se fue.

Algunos antecedentes: antes de irme a Australia, pedí todo el paquete de KT, pero no llegaron a tiempo antes de mi partida. El único KT que había hecho era el que me dio Olivia en casa de Charlotte. Así que esa era la verdad. Aún así, unos días más tarde recibí un correo electrónico de la administración de la escuela concediéndome la entrada en los cursos online después de todo. De algún modo, sabía que me concederían el acceso si simplemente decía la verdad absoluta.

Fui a Sydney, a casa de Charlotte, y participé en las clases semanales de los miércoles y también en las de los martes por la noche. Conocí a más estudiantes en el centro de retiros. Algunas de las personas ya llevaban activas en la escuela más de diez o quince años, lo que facilitaba aún más hacer prácticas adicionales con ellas durante la semana y antes de las clases. Estos intercambios continuos de prácticas, explorando el paisaje interior del cuerpo y la mente, fueron un hito importante para experimentar reinos interiores cada vez más sutiles.

Después de seis meses inmerso en la enseñanza de la escuela y conociendo a estudiantes increíbles, volví a Ibiza para continuar con mi negocio en la temporada de verano, con la clara intención de volver a Sydney una vez terminara este periodo. Regresé a la isla fue con una nueva mentalidad: tenía claro que mi tiempo allí estaba llegando a su fin. Quería hacer algo nuevo con mi vida, y trabajar toda la noche no encajaba con las ideas que mi Espacio Interior de sabiduría me estaba mostrando. La idea de vender a la gente entradas para discotecas llenas de drogas y alcohol también perdió su atractivo como medio de ganarse la vida. Tenía un conflicto interior. Por un lado, era un trabajo fácil, en el que conocía a un montón de gente agradable y ganaba un buen dinero, mientras que, por otro lado, sentía la fuerte necesidad de encontrar un trabajo más íntegro, con el que pudiera ayudar a las personas a recuperar su bienestar y alegría sin la ingesta de ningún tipo de sustancias.

Y me di cuenta de que las personas que tomaban drogas, de un tipo u otro, buscaban lo mismo: felicidad, sanación, conexión, autoestima, paz interior, bienestar y mucho más. Por desgracia, la solución rápida de las drogas era solo eso, una solución rápida. No era duradera.

Además, cuanto más me adentraba en mi interior, me surgían preguntas más profundas sobre para qué era la vida y qué quería yo con la mía. ¿Por qué la gente no profundizaba lo suficiente? ¿Y cuál es el camino de la humanidad? Quizá nosotros, como seres humanos, estamos cegados por nuestra sociedad agitada y estresante, que empuja a una mayor competencia y a un consumismo sin fin. Quizás estas preguntas tuvieran más de una respuesta adecuada, ya que cada ser humano es tan complejo.

Después de conocer a Samuel descubrí otro profundo libro de Joseph Campbell: *El héroe de las mil caras,* en el que Campbell describe que cada ser humano (el «héroe» del título) tiene que pasar por ciertas fases a lo largo de su existencia para transformar su vida. El héroe tiene que dejar atrás el mundo ordinario y aventurarse en lo desconocido. Leyendo el libro me di cuenta de que yo estaba inmerso en este «viaje del héroe», dejando el mundo ordinario, aventurándome a lo desconocido y conociendo finalmente a mi mentor, Samuel Sagan.

Antes de conocer al Dr. Sagan había conocido a Oreste y a los dos chamanes, que —de un modo u otro— fueron mis mentores durante un tiempo, pero con Samuel Sagan había una gran diferencia. Él fue el fundador de la metodología del Espacio Interior interactivo, con la que resoné tan claramente. Había en mí una profunda capacidad y comprensión que crecía día a día al estar inmerso en mi Espacio Interior de consciencia. Esto me dio la certeza absoluta de que, con este enfoque, podría encontrar la sanación que buscaba.

Campbell describe además los siguientes pasos del viaje del héroe tras conocer al mentor: enfrentarse al enemigo, someterse a la prueba, enfrentarse al lado oscuro. Me preguntaba hacia dónde me dirigía, porque lo que buscaba era la sanación y no enfrentarme a Darth Vader. Pero cada moneda tiene dos caras, la clara y la oscura, que pronto iba a experimentar.

CAPÍTULO 13

ALAS DE ÁNGEL

2007/8, a la edad de 37/38 años

Unos meses más tarde, en Ibiza, recibí un correo electrónico de Samuel Sagan en el que me invitaba a volver al centro de retiros australiano de las Montañas Azules para participar en un programa especial de formación que empezaría dentro de un par de meses. Se trataba de un curso intensivo de seis semanas que daría comienzo en Navidad y terminaría a principios de febrero. Estaba entusiasmado y me sentí especialmente atendido con esta invitación personal.

Así que hice mis planes y, unos meses más tarde, estaba de nuevo sentado en la sala de meditación, bajo la guía de Samuel Sagan. El último entrenamiento con Samuel como maestro de ceremonias fueron las prácticas del túnel sobre el tercer ojo. Esta vez, las prácticas estaban dirigidas a trabajar en una estructura sutil particular por encima de la cabeza, para expandir la consciencia más allá de los límites de la mente.

El curso de seis semanas incluía prácticas continuas durante todo el día, desde primera hora de la mañana hasta las diez de la noche. Fue profundamente intensivo. La enseñanza clave era «hacerse más sutil», es decir, adentrarse hacia la profundidad del espacio interior y del túnel del tercer ojo y elevarse a una región superior de consciencia por encima de la cabeza. Se profundizaba en esta experiencia con cada nueva meditación sentada que realizábamos. Cuanto más practicaba, más crecía y se expandía la estructura muscular sutil y más fácil me resultaba sentir el sutil flujo ascendente hacia los reinos superiores por encima de la cabeza. Me sentí como en un gimnasio espiritual intensivo, diez horas al día entrenando músculos y estructuras sutiles. Al final de las seis semanas, había una meditación silenciosa de dos semanas más para profundizar aún más en el silencio mental y el bienestar.

Entrar en el espacio del tercer ojo y ser atraído hacia arriba fue afinar mi consciencia de dejar ir. Cuanto más me liberaba de las expectativas, de los intentos, más aparecían las experiencias. Experiencias que nunca imaginé posibles, no obstante, se presentaron para abrir mi mente. En una ocasión, mi consciencia se expandía más allá de mi cuerpo. Yo solo era espacio, un vasto espacio de consciencia. Mi nombre, mi cuerpo, mi identidad no importaban en absoluto en este estado. Yo era más grande que todo eso.

Y entonces algo sucedió durante estas semanas de meditación en silencio.

Un ángel descendió dentro de mí. Un enorme y hermoso ángel blanco descendió, se sentó dentro de mi cuerpo y abrió sus amplias alas. Yo estaba sentado, contemplando con los ojos cerrados a este ser blanco y sintiendo su enorme envergadura expandiéndose desde mi corazón hacia la izquierda y la derecha. Era un matrimonio, una unión, una comprensión profunda de mi naturaleza espiritual (y de la de todos los seres humanos), en el sentido de que estos reinos sutiles de la consciencia están llenos de presencias divinas. Este ángel blanco me estaba transmitiendo el conocimiento de mi belleza y mi fuerza interior, mi inmensidad, el amor y la maravilla que llevaba en lo más profundo de mi alma. Era mágico. Me sentía en casa. Y para mi sorpresa, el ángel no me abandonó, sino que se quedó conmigo al menos una hora más. Yo estaba desconcertado y realmente asombrado.

Una vez terminada la práctica de meditación fui a la cocina a ayudar a poner la comida para la cena y el ángel no me dejó, se quedó en mi presencia. Incluso entonces, con los ojos abiertos, podía sentir la presencia del ángel y su amor, cuidado y belleza. ¡Estaba sirviendo en la cocina acompañado por un ángel! Sabía que era un regalo especial de la divinidad para animarme a seguir profundizando cada vez más en mi interior. A partir de aquel momento todo era cuestión de profundidad. Había encontrado mi camino a través de este poderoso método y, sobre todo, estaba enormemente agradecido por haber conocido a Samuel Sagan en persona.

• La autora Lorna Byrne, en su libro *Angels in My Hair*, escribe:

> *Dios quiere que seamos felices y disfrutemos de nuestras vidas, y por eso nos envía ángeles para ayudarnos. Tenemos tanta ayuda espiritual esperando a que la alcancemos, y mientras algunos de nosotros buscamos*

ayuda, muchos de nosotros no lo hacemos. Los ángeles caminan a nuestro lado diciéndonos que están ahí, pero no escuchamos: no queremos escuchar. Creemos que podemos hacerlo todo nosotros mismos. Hemos olvidado que tenemos alma y creemos que somos simplemente carne y sangre. Creemos que no hay nada más: ni vida después de la muerte, ni Dios, ni ángeles.

Cuando Lorna Byrne preguntó a su ángel si los niños y niñas pueden ver ángeles, este respondió:

Sí, claro que pueden, pero sólo cuando son muy pequeños y luego crecen. Cuando tienen tu edad, la mayoría de los niños ya no nos ven; algunos dejan de vernos a los tres años. De hecho, todos los bebés ven ángeles y espíritus, pero en el momento en que un niño empieza a hablar se le empieza a decir lo que es real y lo que no lo es, y entonces, si las cosas no son sólidas como sus juguetes, entonces sólo están fingiendo. Los niños pequeños están condicionados y pierden la capacidad de ver y experimentar más.

Me identifico totalmente con sus experiencias. Me estaba volviendo como un niño pequeño: más juguetón, más alegre, más abierto, más espontáneo, más pacífico.

Durante esta unión, todas estas cualidades interiores se plasmaron en todo mi cuerpo y mi mente. No solo me sostenía la presencia del ángel, sino que me llenaba de una sustancia sutil, una luz, una energía, una sustancia llena de espíritu.

Hubo varios momentos durante la meditación en los que encontré mi camino hacia arriba hacia la luz, y sentí la presencia de Samuel arriba. En esos momentos, me quedé perplejo de nuevo. *Cómo es posible que sienta su presencia por encima de mi cabeza, con los ojos cerrados.* Cada vez que sentía su presencia, empezaba a llorar, no de tristeza, sino de amor y gratitud. Sentía sus cuidados, su amor y su compromiso con todo su alumnado. Me quedaba perplejo. ¿Cómo lo hace o cómo funciona? ¿Cómo funciona la consciencia?

A pesar de estas experiencias mágicas, también hubo muchos momentos durante el curso de seis semanas en los que me sentí desconectado de mis sensaciones, sentimientos y espacios interiores. Mis problemas de piel seguían afectando a mi autoestima y el dolor crónico en la zona lumbar y las migrañas mensuales seguían siendo muy evidentes.

Charlotte estaba presente en el curso y a la hora de comer me senté a su lado y le pregunté:

—Charlotte, necesito tu consejo. Aquí y allá tengo experiencias increíbles, pero sigo bastante atascado y gran parte del tiempo no siento gran cosa. ¿Qué crees que puedo hacer para sentir o ver más?

—Alex, sería bueno tomar algunas sesiones privadas con un practicante del Espacio Interior. Hay muchos practicantes aquí en el curso que viven en Sydney, y podrías hablar con ellos.

Me dio un puñado de nombres y en los días siguientes me senté con cada una de esas personas a comer o cenar para conocerlos un poco. Había una que destacaba por su calidez y presencia profesional. Se llamaba Stella.

Le pregunté si quería empezar las sesiones privadas y me dijo que me pusiera en contacto con ella cuando todos estuviéramos de vuelta en Sydney.

CAPÍTULO 14

STELLA, MI PRIMERA TERAPEUTA DEL ESPACIO INTERIOR

Año 2008/9, a la edad de 38/39 años

Una vez terminado el curso y las dos semanas de meditación en silencio, volví a Sydney. Comprendí que esta vez necesitaba una ayuda profesional más específica. En lugar de hacer prácticas con otros estudiantes, decidí pagar mis sesiones en un entorno más formal y hacer de esto mi prioridad, por encima de cualquier otro gasto. Stella, que se había formado con Samuel Sagan durante los últimos quince años, poseía una madurez espiritual y un conocimiento asombroso, y también estaba formada como psicóloga. La llamé y decidí trabajar con ella todos los lunes, martes, miércoles y jueves por la mañana, en sesiones de tres horas.

Me he enamorado de este trabajo del Espacio Interior. A partir de ahora lo llamaré CuerpoMenteEspacioInterior, que significa que el espacio del tercer ojo facilita experiencias de niveles más profundos del cerebro, la mente y el cuerpo. Hay tantas capas diferentes para sentir en el cuerpo y en la mente... Es como un océano, con sus diferentes corrientes y profundidades, o como el aire, con sus diferentes ráfagas de viento y altitudes. Me sentí como un alquimista, un alquimista interior. Mi cuerpo, mi mente y mi espacio interior se convirtieron en un laboratorio.

Gabor Maté, en su libro *El mito de lo normal*, acuñó el término «CuerpoMente». Su argumento es que nuestra medicina occidental separa el cuerpo del principio de la mente, pero gracias a los nuevos descubrimientos científicos de la neurociencia y la neurobiología, el cuerpo y la mente no pueden separarse. Maté continúa diciendo que, hoy en día, existen una gran cantidad de pruebas científicas que confirman la unión de cuerpo y mente, pero por desgracia no se aplican en los entornos terapéuticos. La medicina sigue paralizada en el viejo paradigma.

- Peter A. Levine (otro experto en el tratamiento de bloqueos y traumas) también afirma en su libro *Waking the Tiger:*

> *Durante miles de años, los sanadores orientales y chamánicos han reconocido no sólo que la mente afecta al cuerpo, como en la medicina psicosomática, sino cómo cada sistema de órganos del cuerpo tiene igualmente una representación psíquica en el tejido de la mente. Los recientes avances revolucionarios en la neurociencia y la psiconeuroinmunología han aportado pruebas sólidas de la intrincada comunicación*

bidireccional entre mente y cuerpo. Al identificar complejos «neuropéptidos mensajeros», investigadores como Candice Pert han descubierto muchas vías por las que la mente y el cuerpo se comunican mutuamente. Esta investigación puntera se hace eco de lo que la sabiduría ancestral siempre ha sabido: que cada órgano del cuerpo, incluido el cerebro, expresa sus propios «pensamientos», «sentimientos» e «impulsos» y escucha los de todos los demás. La mayoría de las terapias de trauma se dirigen a la mente a través de la charla y a las moléculas de la mente con fármacos. Ambos enfoques pueden ser útiles. Sin embargo, el trauma no se cura, no se curará y nunca podrá curarse del todo hasta que no abordemos también el papel esencial que desempeña el sistema nervioso. Debemos comprender cómo afecta el trauma al cuerpo y su posición central en la curación de sus secuelas.

El trabajo con Stella se centró en la confianza y la apertura. A menudo no sentía, veía o experimentaba mucho en mi CuerpoMenteEspacioInterior. Durante las largas sesiones de tres horas, pronto comprendí que se debía a que estaba fragmentado, derrotado y vacío.

En las primeras sesiones pensé que exploraríamos mis problemas de piel, mi infancia y las huellas del pasado en mi cuerpo o psique. Pero fue todo lo contrario. Seguimos el flujo natural de mi CuerpoMenteEspacioInterior. Podía sentir la actitud de contención y guía de Stella. Me sentí como un niño pequeño, seguro y aprendiendo a confiar. Seguí el ritmo natural de mi paisaje interior de sentir y ver. En lugar de llorar o resolver problemas del pasado, la mayor parte de la fase inicial con Stella consistió en nutrirme y llenarme de seguridad, confianza, fuerza, calidez, calma, comprensión y en fortalecer el sistema nervioso. Mi visión interior no se centraba en imágenes o recuerdos, sino más bien en sentir el aquí y el ahora. En un proceso gradual, ver y sentir se convirtieron poco a poco en una sola cosa.

* *Despertar al tigre: curar el trauma*, de Peter A. Levine:

> *Uno de los aspectos más profundos y conceptualmente desafiantes de la curación del trauma es comprender el papel que desempeña la memoria. Muchos de nosotros tenemos la creencia errónea y limitante de que para curar nuestros traumas debemos desenterrar recuerdos horribles del pasado. Lo que sabemos con certeza es que nos sentimos dañados, fragmentados, angustiados, avergonzados, infelices, etc. Para sentirnos mejor, buscamos la(s) causa(s) de nuestra infelicidad, con la esperanza de que encontrarla(s) alivie(n) nuestra angustia. Incluso si somos capaces de desenterrar «recuerdos» razonablemente precisos de un acontecimiento, no nos curarán. Al contrario, este ejercicio innecesario puede hacernos que volvamos a vivir la experiencia y nos sumerjamos de nuevo en la vorágine del trauma. La búsqueda de recuerdos puede engendrar más dolor y angustia, y solidificar aún más nuestra inmovilidad congelada. El círculo vicioso se agrava cuando nos vemos obligados a buscar otras explicaciones,*

nos vemos obligados a buscar otros acontecimientos («recuerdos») que expliquen nuestra angustia adicional.

Con Stella no buscamos recuerdos, sino que nos dejamos llevar por el flujo natural de experiencias internas que surgieron de la sesión CuerpoMenteEspacioInterior. Cuanto más aprendía a sentir y a confiar, más se llenaba mi cuerpo de una energía y una calidez sutiles. Al principio, me di cuenta de lo frío que estaba todo dentro de mi CuerpoMenteEspacioInterior. Por el contrario, sentí que el calor se extendía lentamente por distintas partes del cuerpo, disipando el frío de mi cuerpo.

Cuando era adolescente y joven, siempre sentía frío. No me gustaban las duchas frías, los baños fríos ni el tiempo frío. Siempre anhelaba un baño caliente, ropa caliente, un entorno cálido; calor en general. Cuanto más crecía este calor interior en mí, más se reconectaban ciertas partes del cuerpo. Por el contrario, comprendía lo frío o desconectado que había estado mi cuerpo y sus partes corporales y la mente.

No solo empezó a crecer el calor, sino que también surgieron en mi CuerpoMenteEspacioInterior la paciencia, la fuerza y la confianza. De nuevo, por el contrario, cuanta más confianza y fuerza surgían en mí, más me daba cuenta de la profunda derrota y fragmentación que llevaba dentro. Poco a poco, estas cualidades y rasgos positivos de esperanza, confianza, comprensión y autoestima se expandieron dentro de mí, encendiendo un retorno gradual a la totalidad.

A través de esta expansión dentro de mi CuerpoMenteEspacioInterior, estas fuerzas positivas no solo podían percibirse, sino que también se producía una profunda recarga. Las sesiones privadas con Stella cambiaron mi proceso de crecimiento personal. Aprecié plenamente su propio trabajo de transformación interior, que le permitía dar tanto a otros como me estaba dando a mí. Ella me sostenía con su madurez académica y espiritual. Esta era la diferencia entre trabajar con otros estudiantes y trabajar con una practicante del Espacio Interior que había entrenado más de diez mil horas en el trabajo del Espacio Interior.

También es interesante comparar las prácticas de CuerpoMenteEspacioInterior con las prácticas o técnicas que implican visualizaciones creativas, pensamiento positivo o simplemente la lectura de literatura sobre el tema. Valoro la lectura y el conocimiento que proporciona, pero estas fuerzas sutiles que despiertan desde el interior son otra dimensión de sanación y despertar. La verdadera positividad, la claridad mental y el bienestar holístico vienen de muy adentro.

Las experiencias más fascinantes aún estaban por llegar para mí. No solo estaba creciendo desde dentro, experimentando calidez, confianza, paciencia, calma, fuerza y comprensión, sino que también recibía nuevas estructuras a través del CuerpoMenteEspacioInterior. Durante las sesiones con Stella, en las que percibía las fuerzas y sustancias sutiles que me llenaban poco a poco, había momentos en los que líneas, estructuras y formas sutiles bajaban y entraban en mi CuerpoMenteEspacioInterior, como si aterrizaran en mí. Una analogía sería la de una fábrica de coches en la que vehículos con el chasis vacío entran en la cadena de producción, donde se produce el encaje sucesivo de las diferentes piezas en un proceso que, paso a paso, produce el coche final. Yo estaba delante de Stella, recibiendo una nueva puerta, una nueva ventanilla, un nuevo motor, etcétera.

—Me está bajando algo de luz por encima de la frente.

Stella, con sus palabras de cariño y contención, dijo:

—Ábrete a ella, siéntela, no la bloquees.

Me llevó un tiempo integrar esa experiencia. Al principio fue ligera y, poco a poco, su intensidad aumentó. Cuanto más la sentía y dejaba que sucediera, más entraba esa luz intensa en toda mi cabeza, especialmente en la parte frontal. Mis ojos cerrados y toda la zona de mis globos oculares se estiraban y ensanchaban. Sentía como si estableciera contacto visual con el sol, pero con los ojos cerrados. Contemplaba esta luz interior. Era la sensación de un sol interior. Irradiaba por toda mi cabeza. Le dije a Stella:

—Siento que estoy contemplando el sol.

—Ábrete a él, siéntelo, a ver adónde te lleva.

Y entonces, sucedió. La luz intensa se transformó en una estructura que se manifestaba en mi cabeza. De repente, descubrí que podía sostener la intensidad, que podía sostener la luz y sentir su poder irradiante. Recibí una nueva estructura sutil en mi CuerpoMenteEspacioInterior. Mi visión interior se fortificó y tuve una sensación de agudeza y claridad mental. Estaba desconcertado. Empezaba a comprender los complejos y sutiles mecanismos de la consciencia, lo que significaba elevar el voltaje de la consciencia. Pude mantener más intensidad y claridad mental después de esa sesión y eso no se desvaneció. Permaneció.

En todas estas profundas sesiones con Stella, comprendí las enseñanzas de Samuel Sagan sobre los cuerpos sutiles a un nivel más profundo. Su comentario acerca de elevar el voltaje de la consciencia y la construcción de los cuerpos sutiles tiene que ver con adentrarse en nuestro ser superior y nuestro espíritu.

Yo aún no tenía las estructuras sutiles para sostener el espíritu con todo su poder y resplandor.

Una gran analogía para entender estos conceptos de la construcción de estructuras sutiles para elevar el voltaje de la consciencia es la de una bombilla. Digamos que una bombilla normal puede contener entre treinta y cien vatios de electricidad. El espíritu tiene un voltaje de un millón de vatios. Una bombilla normal explotaría al entrar en contacto con el voltaje total del espíritu.

Por lo tanto, es necesaria la construcción de cuerpos sutiles a través de estas prácticas específicas del CuerpoMenteEspacioInterior. El voltaje de la consciencia puede incrementarse hasta que alcance el poder total del espíritu, es decir, que el espíritu imprima su fuerza en el cuerpo físico y en la mente. Después de cada sesión consecutiva de tres horas con Stella me sentía ligeramente diferente dentro de mi cuerpo. Caminaba con más consciencia y me sentía más despierto y conectado con ciertas partes del cuerpo. Podía mantener más presencia, bienestar y serenidad, además de sentirme más alineado en todo mi cuerpo.

El espíritu es como la energía y la luz del sol: tiene todo el poder de una potencia ilimitada. Hay un sol físico, tal como lo vemos en el cielo, y luego está el sol interior, con toda su potencia de consciencia, alegría, voluntad, fuego, entusiasmo, etcétera. Llegué a comprender que el espíritu y el principio del sol están profundamente conectados. Como sabemos, el sol es el centro de nuestro sistema solar a nivel físico. Sin embargo, también hay un sol sutil interior que es el centro de nuestra verdadera personalidad. En general, solo podemos ver este sol interior en todo su esplendor en las personas que han realizado un trabajo suficiente sobre sí mismas.

Así pues, mis preguntas sobre para qué servía la vida salieron a la luz gracias a mis profundas realizaciones en el espacio interior. ¿No es la vida el sol interior? Irradia. Brilla. Es todo el esplendor de la belleza, la autoestima natural y el poder real.

Quizá nuestro propósito en la vida sea encontrar ese sol interior que está profundamente oculto tras las nubes mentales internas.

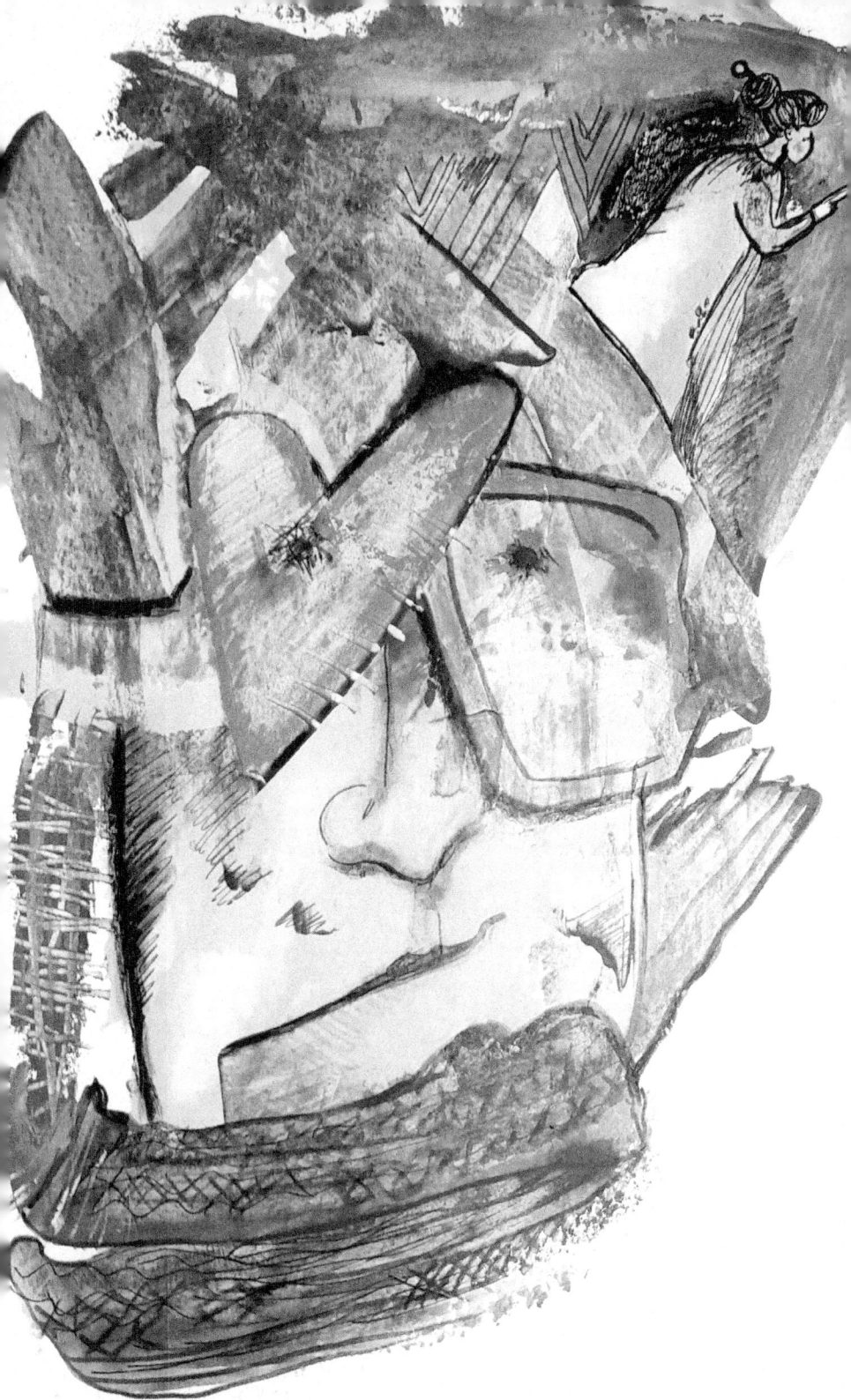

CAPÍTULO 15

MI MADRE Y LAS RELACIONES

Año: 2008/9 edad: 38/39 años

Después de completar numerosas sesiones con Stella, empecé a tener una mayor consciencia de los recuerdos cuerpomente de mi infancia. Cuanto más surgían en mi CuerpoMenteEspacioInterior las cualidades internas de seguridad, confianza, fuerza, calidez, calma y comprensión, más podía acceder a cuestiones dolorosas del pasado. Cuanto más crecía en la luz, más podía ver la oscuridad.

Años más tarde, cuando leí *Altered Traits (Rasgos alterados)*, de Daniel Coleman y Richard Davidson, me di cuenta de que las experiencias de mi CuerpoMenteEspacioInterior habían sido documentadas y escritas. Gracias a las nuevas tecnologías de la neurociencia, Daniel y Richard reunieron en su laboratorio a muchos meditadores de larga duración y los sometieron a escáneres de resonancia magnética funcional para documentar su actividad cerebral. Quedaron asombrados ante sus hallazgos científicos.

• *Altered Traits* por Daniel Goleman y Richard Davidson:

> *(...) el entrenamiento mental sostenido altera el cerebro tanto estructural como funcionalmente, prueba de concepto de la base neuronal de los rasgos alterados que los practicantes han descrito durante milenios. Es más, todos podemos movernos a lo largo de este espectro, que parece seguir un algoritmo aproximado de dosis-respuesta, obteniendo beneficios de acuerdo con nuestros esfuerzos. La neurociencia contemplativa, la especialidad emergente que aporta la ciencia que hay detrás de los rasgos alterados, ha alcanzado la madurez.*

Continué mis sesiones con Stella con una nueva percepción de todos los cambios estructurales que se estaban produciendo en mi CuerpoMenteEspacioInterior. Todas las sesiones con Stella fueron importantes, pero algunas destacaron por su intensidad y su perspicacia.

—¿Qué estás experimentando, Alex?

—Estoy oliendo a humo —le dije.

—Siente el espacio del humo y mira adónde te lleva.

—Me siento como si fuera un bebé, dentro de la barriga de mi madre. ¡Percibo humo! ¡Uhhhh! ¡Es insoportable!

Cuanto más percibía el humo, más incómodo se sentía todo mi cuerpo. Empecé a toser y la tos se hizo cada vez más fuerte, liberando una especie de «humo» o energía estancada.

Después de esa potente descarga, me sentí aliviado y con más espacio para respirar, y le dije:

—Ahora me siento aliviado, más tranquilo, más ligero y con más energía. Me siento mucho mejor.

Stella siguió sosteniéndome y dijo:

—Ábrete a esa energía y mira adónde te lleva. ¿Puedes ver o sentir cómo se siente tu madre?

Al principio disfrutaba bañándome en la calidez positiva y afectuosa, la energía y la luz que estaban presentes en mí. Pero al cabo de un rato afloraron las emociones de mi madre. Sentí su tristeza y empecé a llorar. No sé por qué, pero era por mi padre. Ella no era feliz en la relación. Stella me sostenía con mucho cuidado para que pudiera ser abiertamente vulnerable, llorar, sentirme apoyado y descargar la carga emocional que este recuerdo tenía en mi CuerpoMenteEspacioInterior.

Después de la sesión con Stella, llamé a mi madre para hablarle de mi experiencia y preguntarle si había fumado mientras estaba embarazada de mí. Se quedó sorprendida por mis revelaciones y me dijo:

—¿Cómo puedes saberlo? Sí, fumé al principio del embarazo, pero luego dejé de hacerlo.

Le conté mi sesión y cómo había vomitado el humo. Además, le pregunté por su estado emocional:

—¿Te sentiste triste en algún momento del embarazo?

No me esperaba en absoluto su respuesta. Me dijo que se sentía triste porque mi padre la había engañado y que quería suicidarse. Me explicó que una noche tomó muchos somníferos con la esperanza de no despertarse nunca. Cuanto más compartía mis sesiones y experiencias de dolor, más se abría ella a mí. Se creó una nueva intimidad entre nosotros. Me sentí mucho más unido a ella después de nuestra charla.

—Gracias, mamá, por contármelo todo.

Me preguntó qué estaba haciendo y se lo conté:

—Estoy haciendo terapia y sesiones de sanación para sentirme mejor en mi cuerpo y en mi piel.

Nos despedimos y me sentí muy agradecido por haber podido hablar con ella a ese nivel emocional.

Esta fue la segunda llamada a mi madre tras visiones profundas en mi paisaje espacial interior. La primera llamada fue después de salir de la selva brasileña, cuando me había subido la fiebre. Entonces mi madre me dio la terrible noticia de que había estado en el hospital a la edad de tres años. Me explicó que me habían llevado al hospital para vigilarme porque tenía mucha fiebre y no me bajaba. Los médicos me dieron varios antibióticos para intentar bajarme la fiebre, pero no funcionaron. Me tuvieron en el hospital infantil especial durante un mes entero, mientras los médicos intentaban averiguar cuál era la causa. Me dijeron que tenía rabietas en el hospital. Me sorprendió no haberme dado cuenta hasta ahora. Una estancia tan larga en el hospital a una edad tan tierna.

—Estábamos muy ocupados con el trabajo, pero íbamos dos veces por semana a visitarte —me dijo.

—Vale, lo entiendo. ¿Hay algo más que me puedas contar de mis años mozos?

Me contó que también había estado en el hospital cuando tenía un año y medio. Me había tragado somníferos que encontré en uno de los armarios de casa. Estaba en coma y los médicos no sabían si sobreviviría. Fue otro shock. Tuve que permanecer varias semanas en el hospital bajo supervisión. Qué vida. Qué punto de partida. Hablar y escucharla me hizo preguntarme cuánto más había dentro de mí que aún desconocía, y cómo eso me había condicionado o incluso había dado lugar a mis problemas de piel.

Recuerdo muchos episodios con mi madre cuando era pequeño, rechazando sus cuidados, su amor, sus caricias. Yo tenía unos cinco o seis años, y ella estaba jugando con mi hermano y conmigo en la habitación que compartíamos. Era la hora de dormir. Quería hacernos cosquillas y yo le dije que no me tocara y la aparté. Era puro rechazo. Aún recuerdo esa situación tan vívidamente porque, en ese momento, incluso me sorprendí a mí mismo con el fuerte comportamiento que mostré hacia ella. Estaba mostrando el rechazo del que hablan muchos expertos en traumas cuando se trata de un abandono prolongado en la primera infancia.

- Gabor Mate cuenta la misma experiencia de abandono en sus primeros años en su libro *El mito de lo normal*:

> *El gran psiquiatra y psicólogo británico del siglo XX John Bowlby estaba familiarizado con este tipo de comportamiento: lo llamaba «desapego». En su clínica observó a diez niños pequeños que tenían que soportar separación prolongada de sus padres debido a circunstancias incontrolables. «Al encontrarse con la madre por primera vez, después de días o semanas de ausencia, todos los niños mostraban cierto grado de desapego», observó Bowlby. «Dos parecían no reconocer a su madre. Los otros ocho le dieron la espalda o incluso se alejaron de ella. La mayoría lloraban o estaban a punto de llorar; algunos alternaban el rostro lloroso con el inexpresivo. Puede parecer contradictorio, pero este rechazo reflejo de la madre cariñosa es una adaptación: "Me dolió tanto que me abandonaras", dice la mente del*

niño "que no volveré a conectar contigo. No me atrevo a sentir ese dolor de nuevo"». En muchos niños —y yo era uno de ellos—, este tipo de reacciones tempranas se incrustan en el sistema nervioso, la mente y el cuerpo, causando estragos en las relaciones futuras.

Aquí estaba yo, en la misma situación. Mis relaciones de las últimas dos o tres décadas habían sido todas de corta duración y caóticas. No podía abrirme a mis parejas. Durante todos estos años, nunca entendí por qué mis relaciones no funcionaban. Tras los meses iniciales de excitación y enamoramiento, me enfrentaba a conflictos y me retraía de formas muy sutiles. No me sentía cómodo cuando me tocaban —debido a mis problemas cutáneos—, así que rechazaba a mis parejas y me negaba a que se acercaran. Entonces pensaba que se trataba de libertad, pero en realidad era un mecanismo de defensa inconsciente para protegerme de que me volvieran a hacer daño.

Hay un dicho indio: «Una buena madre vale por cien gurús», que es muy cierto.

Mi relación con mi madre no había sido buena. Tuvimos muchos enfrentamientos durante mis primeros quince años, y también después. Uno de ellos fue por mi primera novia, llamada Kenia, cuando aún vivía con mis padres. Kenia era guapa, ojos grandes, pura y llena de alegría. Un día vino a mi casa y se la presenté a mis padres. Mi madre me dijo después:

—No me gusta esa chica; no quiero que la veas más.

Me quedé de piedra y, por supuesto, me rebelé:

—¡Ni hablar, no puedes decirme con quién puedo salir!

—No puedes salir con ella. Te quedarás en casa las próximas semanas. Mientras vivas en nuestra casa, harás lo que te digan.

Cuando le pregunté a mi padre, no puso ninguna objeción a que saliera con ella. Pero mi madre me presionaba mucho. Tuve que quedarme en casa las semanas siguientes, así que no pude ver a Kenia. Al final, cedí a la presión de mi madre y dejé de verla. Hacía solo unas semanas que había conocido a Kenia y me sentía muy bien en su presencia. Por aquel entonces, mi madre era muy controladora y dominante, quizá debido a los episodios de engaño de mi padre durante su relación. Ahora podía imaginar sus razones.

Otra ruptura dolorosa fue con mi primera novia, Emily, unos años más tarde. Fue la primera vez que pude sincerarme con una novia. Comprendía mis problemas de piel y era muy cariñosa. Me aceptaba tal como era. Además, sexualmente, con ella me sentía más abierto y confiado. Para mí fue un gran avance. Pero con el tiempo, me distancié de ella sin saber que lo había hecho.

Al cabo de un año de relación, fue a una fiesta, se emborrachó y se acostó con otro chico. Fue un momento doloroso en mi vida. Quería llorar, pero no podía. Tenía el pecho demasiado cerrado debido al ambiente violento de mi escuela y de mi casa. Aún recuerdo todos los detalles, hablando con Emily unos días después. Ella me dijo:

—Alex, ¿puedes venir? Ha pasado algo que lamento profundamente.

Cogí el coche para ir a verla con una extraña sensación en las tripas. Una vez en su casa me confesó:

—Alex, lo siento mucho. El sábado salí, me emborraché y..., y..., y... me acosté con un tío.

Ese fue un duro golpe. Sentía mucho por Emily. Era cierto que, en las últimas semanas —y quizá, en los últimos dos meses—, la había visto menos y le había prestado menos atención.

Me intrigaba saber más y pregunté:

—¿Hay algo más con este tipo?

—No, Alex, estaba borracha y lo siento mucho. Por favor, perdóname.

No pude. Quería hacerlo, pero no podía perdonarla. Me puse furioso. Le grité:

—¿Por qué? ¿Cómo pudiste hacer eso?

Salí de su casa dando un portazo y nunca volví. Por aquel entonces, no era capaz de perdonar. Fue otro momento triste de mi vida que marcó un patrón de conducta continuado de no dejar que nadie se acercara a mí.

Durante los tres años siguientes, no mantuve ninguna relación, ni sexual ni íntima de ningún tipo con nadie. Estaba demasiado dolido. Evitaba hablar con chicas. Aquí y allá hablaba con chicas, pero siempre mantenía una distancia de seguridad, sin dejar que se acercaran a mí. Solo conseguí superar la separación con Emily tres años después, cuando empecé a tomar drogas para olvidar el dolor y la tristeza del pasado.

Otra poderosa sesión con Stella en relación con mi infancia fue ver mi cuerpo herido.

—¿Qué experimentas?

—Siento todo el cuerpo como si me hubieran golpeado demasiadas veces.

—Siente el dolor, la sensación, el espacio.

Cuanto más sentía el dolor, más pequeño se hacía mi cuerpo. Me convertí en un niño pequeño en mi CuerpoMenteEspacioInterior.

—Soy un niño pequeño y siento que he tenido demasiadas peleas. Era demasiado, así que me cerré.

Volví a llorar. Cuanto más sentía el cierre y el dolor, más lloraba y más sentía ondas sutiles de sensualidad que se acercaban y despertaban en todo mi CuerpoMenteEspacioInterior.

—Siento ondas cálidas fluyendo por todo mi cuerpo. Se siente juguetón, nutritivo y sanador. Puedo ver y comprender que reprimí mi energía sensual cuando era joven. Ahora me siento más como un niño juguetón.

Me eché a reír un poco.

—Sigue abriéndote a esa energía sensual y mira adónde te lleva —me indicó Stella.

—Siento que soy un niño sensible. Esta sensibilidad es poderosa. Es grande. Siento el universo. La sensibilidad me conecta con un vasto espacio de conocimientos. Pero ha sido aplastada demasiadas veces. Demasiada violencia.

De nuevo lloré un poco, lo que me sentó muy bien.

Al cabo de un rato, nuevas sensaciones y cualidades de confianza, asombro y amor despertaron y llenaron todo mi CuerpoMenteEspacioInterior. Salí de esta sesión con más fuerza, gratitud y comprensión. Es increíble lo que han aportado estas profundas sesiones de tres horas con Stella. Se trataba de abrirse, soltarse, confiar y cultivar la paciencia. Las sesiones crearon un flujo natural que me permitió sentir, ver y estar más en el aquí y ahora.

En una sesión posterior, hubo un momento en que el dolor empezó a extenderse por todo mi cuerpo. Lo sentí en los oídos, los ojos, los brazos, las piernas, el torso, las plantas de los pies, por todas partes. El dolor era cada vez más fuerte.

Stella me dijo:

—¡Siente el dolor Alex, mira a dónde te lleva!

—No puedo soportarlo más, es demasiado.

Estaba agonizando. Era demasiado dolor para sentirlo.

—¡Por favor, ayuda, por favor, ayuda, por favor!

Estaba pidiendo ayuda; pero no la ayuda de Stella, sino una ayuda semejante a la que pedía cuando era niño, cuando rezaba a una fuerza superior.

Y la respuesta fue casi inmediata. Una luz interior apareció en mi CuerpoMenteEspacioInterior, sosteniéndome. En ese sostén, entendí que esta luz o fuerza superior siempre había estado conmigo, también cuando yo era un niño que tenía momentos difíciles con mi padre y pensamientos de suicidio. Empecé a llorar de nuevo, porque esta luz era tan reconfortante, sanadora y cariñosa. Me dio la seguridad de que no estaba solo.

—Ábrete a la luz —me susurró Stella con mucho cariño.

Lloré y lloré. Cuanto más lloraba, más se calmaban el dolor y la agonía en mi CuerpoMenteEspacioInterior.

—Esta era mi luz cuando era pequeño, la recuerdo de cuando estaba en el hospital. Estaba ahí cuando estaba triste y solo.

—Sigue abriéndote a tu luz.

Lloré por la belleza y el amor que llevaba esa luz interior. Me estaba llenando de esa luz interior de calidez y amor.

—Esta luz y esta voz fueron mis salvadoras en tantos momentos difíciles. Gracias, gracias, gracias.

Me estaba abriendo a la gratitud. Era una fuerza. Era la luz del ángel.

CAPÍTULO 16

FORMACIÓN DE PROFESORES DE YOGA Y LA KUNDALINI

Año 2009, 39 años

Durante los tres años siguientes, tuve muchas más sesiones privadas con Stella. Algunas tuvieron lugar online cuando yo estaba de vuelta en España, pero la mayoría fueron en persona, en Sydney. Después de las diez semanas iniciales trabajando con ella casi todos los días, volví a Europa con un nuevo sentido del espíritu.

Antes de volver a Ibiza, quería parar en la India para hacer el curso de formación de profesores de yoga en el Ashram Sivananda de Kerala. En los últimos siete años había estado practicando mucho yoga, y sentí que había llegado el momento de hacer la formación de profesores. Llamé a la oficina de Kerala y me dijeron que estaban completos. Me dijeron que en Escocia había una plaza libre, así que la reservé. Resultó ser uno de esos planes divinos para conocer a personas especiales en mi vida. En este caso, fueron dos mujeres: Gabi y Stefani. El horario era más o menos el mismo que en la India, aunque se habían modificado algunos aspectos debido a la formación de profesores. Me encantaba este horario:

A las 5.30: despertar, ducha fría y neti (que es una limpieza de las fosas nasales)

De 6:00 a 7:00, meditación

De 7:00 a 8:00, cantos de mantras

De 8:00 a 10:00, posturas de yoga y ejercicios de respiración

De 10:00 a 11:00, almuerzo

De 11:00 a 12:00, limpieza de la sala, habitaciones, baños, cocina, etcétera

De 12:00 a 13:00, estudiar el Bhagavad Gita, el libro sagrado de la India

De 13:00 a 16:00, estudio de la teoría del yoga

De 16:00 a 18:00, posturas de yoga y ejercicios de respiración

De 18:00 a 19:00, cena

De 19:00 a 20:00, limpieza de la sala, habitaciones, aseos, cocina, etcétera

De 20:00 a 22:00, meditación y cánticos

Toda esta estructura, durante los treinta días siguientes, penetró profundamente en mi cuerpo y se crearon algunos comportamientos positivos nuevos. Después de estos treinta días, mi cuerpo y mi mente solo ansiaban hacer ejercicios diarios de respiración, posturas, cantos y meditación. Fue una nueva orientación de la vida.

Gabi y Stefani fueron un regalo de la divinidad. En cuanto nuestras miradas se cruzaron, supimos que había una conexión profunda. La conversación fluyó con naturalidad. Sentíamos curiosidad por saber de los demás.

En cierto momento le pregunté a Gabi:

—¿Te gustaría venir a Francia conmigo? Hay otro curso de yoga en el Ashram Sivananda cerca de París, donde se dan clases avanzadas de pranayama (respiración).

Mirándola a los ojos, pude ver su belleza y su más sincera aspiración. Ella buscaba más, estaba en la misma línea que yo, buscando respuestas, un sentido más profundo de la vida y sanación. Trabajaba en el mundo empresarial, no estaba satisfecha en ese entorno y sentía la necesidad de cambiar.

—Sí, me encantaría. ¿Cómo lo hacemos?

Fue directa. Yo estaba encantado. Me gustaba Gabi, su humor inglés, su inteligencia y su belleza siempre alegraban nuestros encuentros.

—Preguntemos a Lars, tiene una furgoneta y podría venir también.

Le preguntamos y le encantó la idea de aventurarse desde el norte de Escocia hasta Francia con su caravana. También se lo pregunté a Stefani, pero ella tenía otros planes. Vino con nosotros en la furgoneta y, de camino a Francia, la dejamos en Glasgow.

Las tres semanas siguientes en Francia fueron para profundizar en nuestras experiencias de yoga, especialmente en las técnicas de respiración, llamadas pranayama. Estaba hambriento de conocimientos de primera mano. El programa diario era tan intenso como en Escocia, con una diferencia: cada día, se dedicaban diez horas a la respiración consciente, aplicando retenciones y cierres energéticos para sellar determinados canales energéticos.

La comida y la cena eran muy ligeras para poder llegar a ser más sutil y sentir la energía pránica destilada del aire. Cuanto más avanzaba en la respiración de prana sutil en mi sistema, menos necesitaba comer y dormir. Me volvía más ligero. En ciertos momentos, sentía como si levitara.

El Ashram Sivananda en Francia tenía muchas zonas verdes, con grandes árboles que lo protegían del sol. Dependiendo de la dirección del sol, elegía un lugar sombreado bajo los árboles donde podía sentarme durante muchas horas en una postura de meditación, quieto con los ojos cerrados, centrándome en la respiración alterna de las fosas nasales, aplicando retenciones y bloqueos.

Tuve muchas experiencias profundas de estar simplemente en el momento presente, con ausencia total de pensamientos o recuerdos de cualquier tipo. Estos momentos estaban llenos de luz, espíritu, energía y un profundo espacio de gratitud y bienestar. Con esta técnica de respiración en particular, extraía una energía sutil (Prana) del aire, llenando todo mi CuerpoMenteEspacioInterior con el tiempo. Estaba creciendo y creciendo, y nada más importaba. El tiempo ya no era importante, porque en ese momento presente lleno de espíritu había alegría, había sabiduría, había todo.

Durante el curso, le pregunté a Gabi:

—¿Quieres venir a Ibiza después del curso?

—Me encanta la idea, por supuesto —me contestó.

Unas semanas después, estábamos disfrutando de Ibiza y haciendo mucho yoga juntos. Con Gabi había un flujo natural de amistad y confianza que ha durado hasta el día de hoy.

Al final del curso, los profesores recomendaron no seguir la intensidad de las retenciones y cierres energéticos en casa porque había un peligro, llamado Kundalini. Una fuerza universal que podía despertar con este tipo de práctica. Si el practicante no tenía suficiente preparación, podía causar daños en su psique y en su comportamiento. No hice caso. Continué con las intensas prácticas de respiración, retenciones y cierres energéticos en Ibiza. Me sentí bien, me sentí con más energía vital y flujo natural en mi sistema.

Unos tres meses después, tuve una experiencia sorprendente. Los peligros de hacer estas prácticas avanzadas me golpearon de repente. Estaba sentado bajo uno de mis pinos favoritos en el campo de Ibiza, como hacía a menudo, cuando me llegó una violenta corriente eléctrica a la columna vertebral. Grité. Olas de miedo recorrieron todo mi cuerpo. Temblaba. ¿Qué está pasando? ¿Qué es esto?, me pregunté a mí mismo, conmocionado. Dejé de practicar temprano ese día, perplejo y bastante desconcertado por la experiencia.

Al día siguiente, cuando empecé la práctica, al cabo de un rato volví a recibir descargas eléctricas en la columna vertebral, sobre todo en la parte posterior del pecho y el cuello. Gritaba, asustado y me agarraba el cuello con una mano para intentar suavizar la descarga. Olas de miedo me recorrían todo el cuerpo, causando estragos en mi comportamiento. En los días siguientes, recibí varias descargas eléctricas más, incluso fuera de las prácticas. Empecé a tener mucho miedo. ¿He hecho algo mal? ¿A quién puedo pedir ayuda?

Fue entonces cuando envié un correo electrónico a Samuel y Stella.

Ella respondió inmediatamente con el consejo de Samuel y me dijo que dejara las retenciones y los cierres.

—Alex, puedes continuar con los ejercicios de respiración pranayama pero sin aplicar la retención y los bloqueos. Espera a estar con Samuel en persona en Sydney dentro de unos meses. Me sentí seguro. Me habían escuchado y comprendido. Y el consejo de Samuel y Stella era acertado. La corriente eléctrica se detuvo y sentí un gran alivio. Todavía me preguntaba qué había pasado y unos meses más tarde, ya en presencia de Samuel, destacó las poderosas prácticas que yo había realizado despertando la Kundalini, y que estos ejercicios particulares se deben realizar sólo con un practicante experimentado.

Me ofreció su guía y supervisión personal para que continuara con estos bloqueos y retenciones particulares.

—Gracias, Samuel, por tu ayuda y perspicacia. De momento, prefiero ir despacio. Por ahora quiero seguir con los ejercicios de respiración, no con los cierres y retenciones.

Volví a sentirme atendido por él, esta vez como maestro espiritual. Ahora comprendía lo importante que era ir paso a paso con ciertos ejercicios yóguicos, sobre todo cuando tenían que ver con la Kundalini. Aún no estaba preparado para contener esa fuerza universal en mi CuerpoMenteEspacioInterior. Por otra parte, estas violentas experiencias de miedo y electricidad en mi columna vertebral me hicieron más humilde. Desarrollé un respeto especial por las prácticas y técnicas en las que estaba inmerso.

El regalo más profundo de aquel curso de formación de profesores no fue convertirme en profesor de yoga o experto en respiración, sino conocer a Gabi y Stefani. Ambas conocieron más tarde a Samuel Sagan en persona y tuvieron sus propias experiencias que les cambiaron la vida. Mirando hacia atrás, siento que todo estaba diseñado. No había ningún lugar disponible para que yo hiciera la formación de profesores de yoga en la India, solo en Escocia. Estaba previsto que conociera a Gabi y Stefani. Ambas buscaban un enfoque más profundo de la espiritualidad y lo encontraron con Samuel Sagan.

¿Fueron fuerzas o seres superiores los que pusieron todo en su lugar? ¿Estamos destinados a cruzarnos con ciertas personas en la vida, en ciertos momentos?

La vida está llena de mensajes y mensajeros. Desde entonces, siempre he estado atento. Me asombra la vida, sus mensajes y cómo se desarrolla. Al final, todo es una obra divina, todo está conectado, y podemos ser quienes queramos ser. Todo depende de cómo veamos la vida.

¿Cómo vemos la vida con un comportamiento y una vista condicionados? Y ¿cómo la vemos con ojos nuevos?

La forma en que brillan nuestros ojos refleja la madurez de nuestro ser y de nuestra alma.

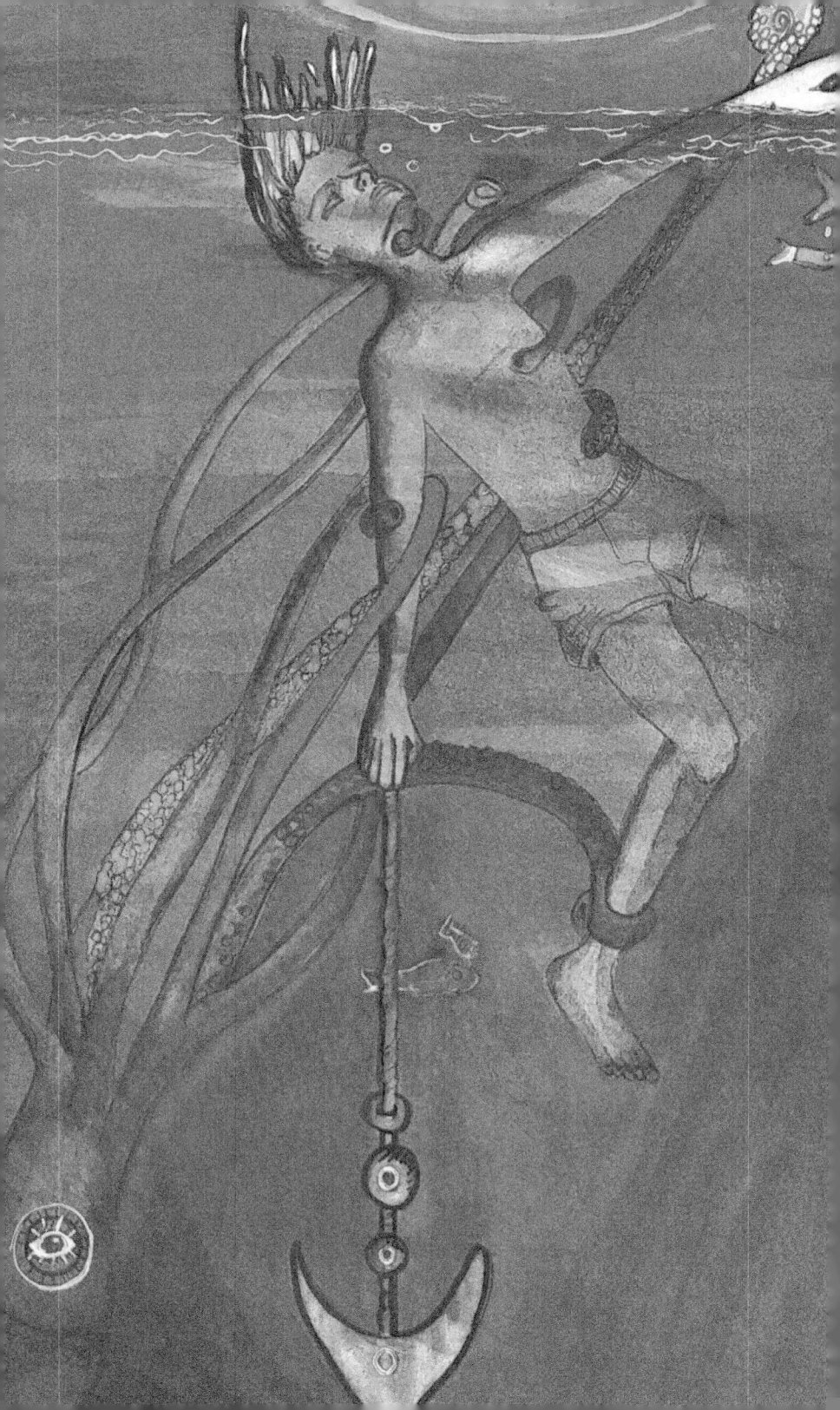

CAPÍTULO 17

DEPRESIÓN

Año 2012, 42 años

Cuanto más crece la luz en ti
más puedes ver la oscuridad en ti.
Cuanto más maduras como persona,
más capaz eres de ver y sanar tus heridas.

ALEX KROLL

Estos años de prácticas hicieron crecer mi confianza, mi fuerza interior, mi comprensión y mi capacidad de apertura. Me alineé más con la luz y empecé a soñar a lo grande. Seguí con las prácticas del Espacio Interior con Stella y otros estudiantes, orientadas al crecimiento y la evolución personal.

Lo que no esperaba en absoluto después de todos estos años de prácticas y retiros de meditación profunda era que me golpeara una depresión. Me vino de repente, durante una semana. Me sentía cada vez más cansado hasta que, un día, no pude levantarme de la cama. Todo se sentía pesado a mi alrededor y dentro de mí. Intenté empezar el día desayunando algo, pero después me vi arrastrándome de nuevo a la cama. Algo no iba bien. Me sentía extraño, sin claridad. Llamé al seguro médico y vino una médica a mi casa. Me hizo varias preguntas y al cabo de un rato me dijo que tenía depresión y me recetó antidepresivos.

Le pregunté con curiosidad:

—¿Cuánto tiempo tardará?

—No lo sé, depende de la gravedad de la depresión. Llámeme dentro de una semana para ver cómo le va con la medicación.

—Vale, gracias, lo haré.

Y se fue.

Cuando se fue, me pregunté: ¿Depresión? ¿Cómo es posible? Estaba en un camino de sanación y despertar. ¿Por qué ahora? ¿Es la depresión un enemigo interior o una prueba para el héroe? ¿Qué podía pensar de esta repentina caída en el agotamiento?

Sentía que estaba creciendo desde lo más profundo de mi ser, con muchos rasgos positivos y nuevas cualidades. Mientras estaba tumbado en la cama reflexionando sobre mi nueva situación, estaba seguro de una cosa: no iba a tomar antidepresivos.

Dos semanas antes, mi amigo Eric vino a visitarme desde Australia. Era otro estudiante de Samuel Sagan en busca del despertar. Nos habíamos conocido en Sydney durante las clases semanales y nos habíamos hecho amigos. Así que, por un lado, no estaba en un buen momento para estar con mi amigo, pero por otro, tenía a mi alrededor a otro estudiante familiarizado con el CuerpoMenteEspacioInterior. Habíamos realizado muchas prácticas juntos en los últimos años, lo que por supuesto había profundizado nuestra amistad.

—Eric, la médica me ha dicho que tengo depresión y que necesito tomar medicación.

—¿Quieres tomar antidepresivos? —inquirió.

—¡Ni hablar! Pero me gustaría mucho recibir algunas sesiones tuyas, si estás dispuesto a ayudarme —dije esperanzado.

—Por supuesto, Alex. Podemos empezar ahora mismo —me ofreció.

Así que aquí estaba yo, tumbado de nuevo, entrando en mi CuerpoMenteEspacioInterior, pero esta vez estaba profundamente deprimido. Ojalá tuviera a Stella en ese momento para ayudarme, pero acepté la situación tal como era y agradecí la presencia de Eric.

—Siente el cansancio —me dijo.

Lo sentí. Todo mi cuerpomente se sentía pesado y sin claridad.

—Me siento vacío, no hay luz. Me siento completamente vacío y entumecido.

Al cabo de un rato, sentí que una sutil energía vital crecía dentro de mí.

—Siento un poco más de energía, más vitalidad, es sutil y está creciendo —dije.

—Tómate tu tiempo, ten paciencia, siente el espacio y la energía —continuó.

Esta primera sesión consistió en sentir un poco más de vitalidad y, sobre todo, esperanza. De algún modo supe que estábamos en el buen camino para comprender mi depresión a un nivel más profundo de cuerpomente. No solo mi mente estaba pesada y adormecida, sino también mi cuerpo.

Eric me ayudó mucho durante las semanas siguientes. Me daba largas sesiones de unos noventa minutos cada día. Era un tipo fuerte, muy comprometido con el camino del despertar desarrollado por Samuel Sagan y estaba deseoso de ayudarme a superar mi estado depresivo.

• Samuel Sagan menciona en su libro *Un lenguaje para mapear la consciencia*:

> *Mapear la consciencia requiere una metodología estricta, una metodología que es científica en esencia. Pero a diferencia de las tendencias actuales de la investigación científica, donde el científico y su objeto están separados, aquí el objeto y el sujeto son uno. Tú eres el científico. Tus cuerpos —físico y sutil— son el laboratorio. Aquí, el conocimiento es autoconocimiento.*

Mi CuerpoMenteEspacioInterior era el laboratorio y me proporcionó nuevas percepciones, autoconocimiento y propiedades sanadoras que abrieron una mayor dimensión de mí mismo. Eric estaba en el momento justo en el lugar adecuado para ayudarme en este proceso de aprendizaje.

¿Fue una coincidencia? ¿Fue un designio? ¿Fue otro regalo de mi ángel?

El proceso fue lento. La primera y la segunda semana se trataba tan solo de sentir un poco más de vitalidad en mi CuerpoMenteEspacioInterior. Podía levantarme y dar un pequeño paseo para comprar pan en la panadería. En las sesiones iniciales se trataba de cultivar la paciencia y de ser nutrido. Era imposible trabajar, ver a otras amistades o hacer cualquier otra actividad. Aun así, las sesiones aportaron muchas reflexiones.

—Eric, siento unas ondas frías que me recorren todo el cuerpo. Es el miedo. Me siento derrotado y congelado.

—Siente el miedo y mira dónde estás, ¿estás en algún lugar fuera o dentro? —me incitó Eric.

Tardé un rato en sentir su pregunta y entonces surgió una visión interior en mi CuerpoMenteEspacioInterior.

—Estoy peleando con otro chico. Estamos en la parada del autobús, antes de ir al colegio.

Empecé a llorar.

—Es demasiado, no quiero luchar más. Me duele. Me duele el cuerpo y estoy paralizado. Son demasiados golpes.

A través del llanto, pude abrirme más a mi parte vulnerable de niño pequeño, que se sentía bien en este espacio protector sostenido por Eric. Continué.

—Tengo unos nueve o diez años y es la última pelea con este chico. Todo mi cuerpo está helado, siento como un shock, como si me paralizara. Me dije a mí mismo que no pelearía más y que evitaría cualquier tipo de enfrentamiento con los bullies.

Ahora comprendía que esta última pelea con el niño abusón me había hecho caer en el victimismo. Me quedé congelado por el miedo y renuncié a mi poder y a mi vitalidad esencial. Algo en mí se había roto. Estaba derrotado. Sentí como si cayera en un abismo de oscuridad. Cuanto más me permitía ser vulnerable y llorar, más se disipaban de mi mente las frías olas del miedo. Pude abrirme a más calor y sentimientos de vitalidad.

—Siento más vitalidad. Ahora hay un poco de calidez en todo mi espacio interior. Me tranquiliza. Me siento más fuerte.

—Sigue abriéndote a esa energía, Alex —me animó Eric.

Volví a llorar durante un rato.

—Siento gratitud y más vitalidad. Me siento más fuerte. El niño ha vuelto. Algo ha cambiado. Gracias, gracias.

A través de estas sesiones continuas, la vitalidad empezó a llenar mi CuerpoMenteEspacioInterior, dándome más fuerza y confianza para dar largos paseos por el parque cercano, después de los cuales volvía a la cama para descansar más.

Unos días más tarde, otra sesión importante con Eric versó sobre los distintos niveles de vitalidad, mi naturaleza salvaje de niño y las fuerzas de la luz.

—Siento más calor en el vientre. Es como una pequeña llama.

—Siente el calor en el vientre y mira lo que quiere —sugirió Eric.

Cuanto más sentía el calor, más sentía un cierto desenfreno en el vientre.

—Siento cada vez más calor y quiero soplar fuego como un dragón. Me siento salvaje —dije.

—Déjate llevar por lo salvaje y mira lo que quiere —me dijo Eric.

Cuanto más sentía ese calor en el vientre, más aumentaba la sensación de bravura.

—Me veo de nuevo como un niño pequeño, soy salvaje, estoy destruyendo cajas de cartón en el almacén de mis padres. Me siento bien. Estoy vivo. Al niño le encanta. Me siento como Tarzán. Ufff, mi padre está entrando. Está muy enfadado.

—Siente la energía de tu padre —continuó Eric.

—Se está abalanzando sobre mí con un cable. Estoy huyendo, pero él me está alcanzando. Me abrazo el vientre, me acurruco, me duele, otra vez me congelo, estoy aturdido, es demasiado.

En esa sesión con Eric, comprendí que había encerrado mi lado salvaje y el calor de mi vientre cuando era pequeño. Esta naturaleza salvaje formaba parte de mi autenticidad. Era mi fuerza vital. La había reprimido, un cierre clásico descrito en términos psicoanalíticos. A través de la paciencia y la confianza en las sesiones CuerpoMenteEspacioInterior, recuerdos ocultos y fuerzas almacenadas en lo más profundo de mi subconsciente se hicieron conscientes, ofreciéndome una visión profunda de mi condicionamiento, de cómo había perdido mi autenticidad y de cómo esto se había convertido con el tiempo en cansancio, derrota y, finalmente, en esta depresión.

Cuanto más sentía los recuerdos heridos y revivía esa experiencia pasada con todo mi cuerpo, mente y Espacio Interior, más calor y fuerza despertaban en mí. Este desenfreno estaba lleno de vitalidad y también se extendía por todo mi espacio mental. En ese momento, sintiendo que el calor y el desenfreno subían hasta la parte superior de mi torso, tuve una fuerte explosión de luz y electricidad en toda mi cabeza. Fue una explosión violenta, muy corta pero muy potente.

Algo cambió en todo mi cerebro. Me sentí encendido. Entonces apareció más luz en todo mi CuerpoMenteEspacioInterior. Con esta luz zumbante, más vitalidad se extendió por todo mi cuerpo. De nuevo, mi CuerpoMenteEspacioInterior se llenó, esta vez con fuertes corrientes de vitalidad. Y al permitir que estas corrientes fluyeran, mi consciencia empezó a extenderse más allá de mis contornos corporales. Me volví vasto y vi la vitalidad como una fuerza de luz. La fuente de la luz formaba parte de algo más grande, más cósmico, más el verdadero yo.

- El yogui indio Paramhansa Yogananda, que llegó a Occidente e inspiró a tanta gente de todo tipo, menciona en su libro *Cómo lograr una salud y una vitalidad resplandecientes, La sabiduría de Yogananda*, volumen 6:

> *La Energía Cósmica está dentro y alrededor de ti, recargando el cuerpo en todo momento con vitalidad. Puedes recurrir a ese suministro eterno para que el cuerpo esté en forma en todos los aspectos. Un cuerpo perfecto, libre de enfermedad, presenta menos resistencia a las prácticas para la realización del Ser. La mayoría de los ejercicios sólo estimulan los músculos y la conciencia animal, no la naturaleza sutil. Ahora aprenderás a concentrarte en tu Energía Vital y fuerza de voluntad, y a experimentar tu naturaleza espiritual sutil. La vida y la fuerza no dependen únicamente de la comida o del ejercicio, sino que se sostienen de los poderes internos.*

Esta luz era la energía vital, tal y como la describía Yogananda. Esta sesión en particular con Eric me había conectado con una fuente mayor de energía y vitalidad. También me permitió abrirme a mi naturaleza salvaje, que hoy en día es la clave de mi autenticidad. El niño interior, salvaje y alegre, sostenido por la luz.

Eric fue un regalo de la divinidad. Su presencia me hizo maravillarme ante la interconexión de todos los seres humanos. Cuanto más alineado me sentía con mi verdadero yo, más alineado me sentía asimismo con el universo y sus flujos naturales. Gabrielle Bernstein, en su libro *The Universe Has Your Back*, comenta esta profunda conexión. Gracias a mi experiencia directa de ello, pude ver lo condicionado que estaba, lo derrotado que estaba, cómo la enfermedad se apoderaba de mí y cómo me había desconectado de esta fuerza y sabiduría universales. Me llevó tiempo sentir ese flujo de conexión.

Durante las siguientes semanas, el trabajo con Eric consistió en despertar la vitalidad en todo mi CuerpoMenteEspacioInterior. No solo vitalidad, sino también más luz y explosiones eléctricas en mi cabeza y otras partes del cuerpo, dando más espacio para la luz y la claridad mental. Podía sostener más y más voltaje de energía y consciencia en todo mi CuerpoMenteEspacioInterior. Podía sostener más electricidad, como en la analogía de la bombilla sosteniendo el espíritu.

Estas explosiones energéticas, especialmente en mi cabeza —a veces sutiles, otras veces muy intensas y, durante un segundo, aterradoras—, encendían nuevas áreas cerebrales, activándolas. En mi experiencia, se sentían como sutiles líneas de electricidad que corrían por nuevos canales.

Otro yogui al que admiro mucho es Sadhguru. En una de sus entrevistas en el canal de podcast *Impact Theory,* con Tom Bilyeu, menciona que mediante el entrenamiento adecuado de la meditación se pueden cultivar las sustancias químicas cerebrales adecuadas para el bienestar mental. Además, destaca los peligros del uso excesivo de medicamentos como los antidepresivos en nuestras sociedades occidentales.

Después de seis semanas adentrándome en la consciencia, me sané de mi depresión. No solo había sanado, sino que también estaba más despierto, tenía más claridad mental, más vitalidad, más alegría y desenfreno (en el buen sentido), y más comprensión del proceso de curación. En lugar de tomar un antidepresivo todos los días, tuve una sesión de terapia que tuvo efectos positivos duraderos y ningún efecto secundario. Era una persona diferente, incluso diría que estas sutiles explosiones en mi cabeza hicieron aflorar una nueva inteligencia y conocimiento.

Eric se marchó y siguió su camino viajando por Europa antes de volver a Sydney para seguir formándose con Samuel Sagan. Antes de partir hicimos un pequeño ritual, el mismo ritual que hice con mi compañero en la India cuando partió con su bicicleta para aventurarse más al norte en ese increíble subcontinente. Salimos a la naturaleza, tomamos algo de comida y charlamos sobre nuestras experiencias pasadas y el futuro. Estábamos seguros de que volveríamos a vernos pronto.

Lo que no esperaba en ese preciso momento, al despedirme de Eric, era que en las próximas semanas me golpearía otra experiencia intensa. Creía que había superado la oscuridad, pero al parecer, esta etapa solo había sido una preparación para la siguiente inmersión profunda en recuerdos más subconscientes.

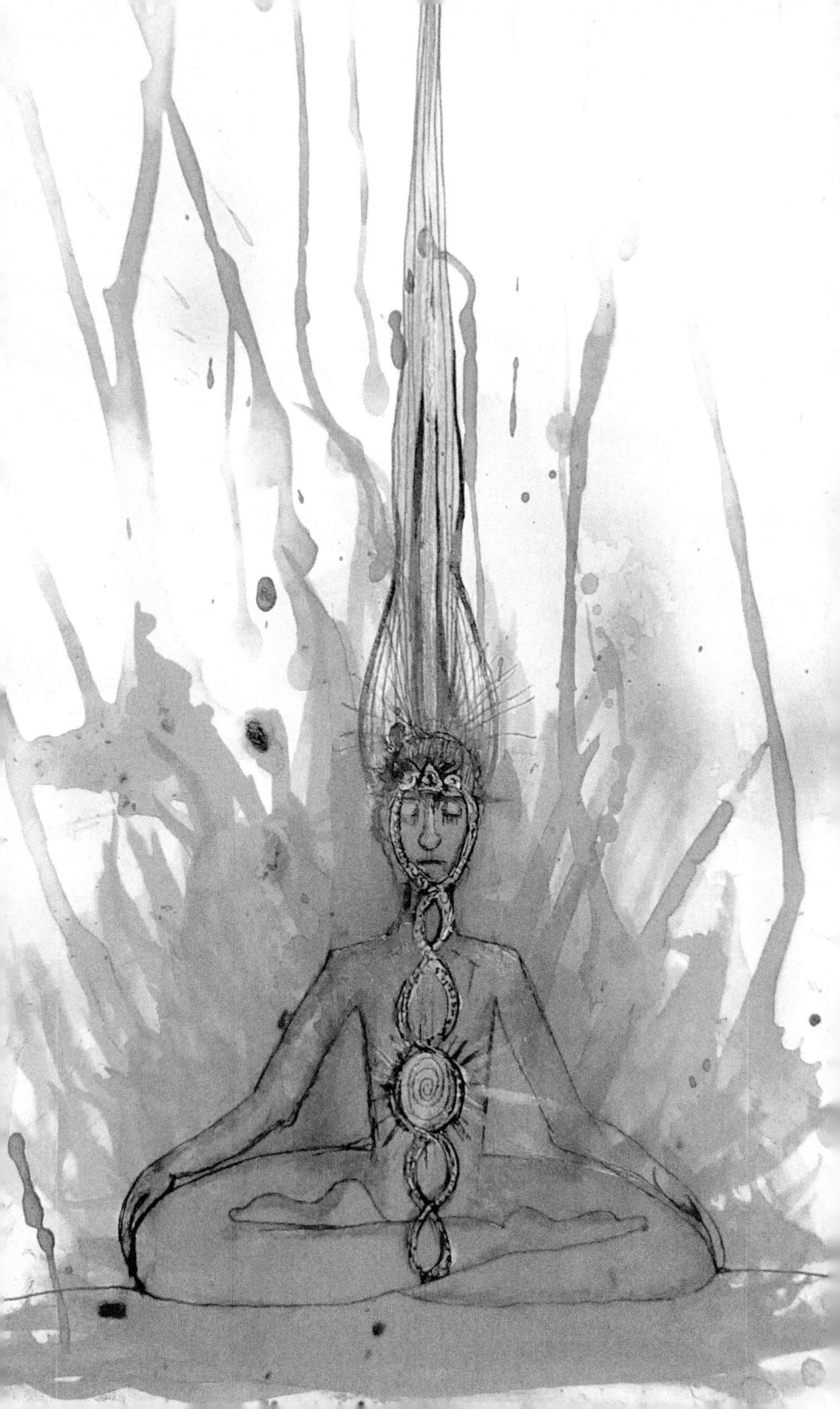

CAPÍTULO 18

FUEGO Y PROBLEMAS DE LA PIEL

Mismo año, un poco más tarde, misma edad

Eric se marchó y, durante aproximadamente un mes después, me iba bien: disfrutaba de una nueva sensación de claridad mental durante mis meditaciones y en mi vida. Sin embargo, esta claridad fue interrumpida de repente por el fuego. No calor o tibieza llenando mi CuerpoMenteEspacioInterior, sino esta vez con lo que solo puedo describir como sensaciones de fuego real.

Me di cuenta de que había pasado por un trabajo intenso en los últimos años, pero esta sesión se destacó como la experiencia más poderosa de toda mi vida. Estaba tumbado recibiendo una sesión de seguimiento de CuerpoMenteEspacioInterior con Eric en línea. Aparecieron las mismas imágenes y recuerdos que en Brasil. Volví a verme en el hospital, pero esta vez, con más detalle. Ahora sentía que tenía la fuerza interior para ir allí. Me sentía preparado. Pero no fue así.

—¿Cómo te encuentras, Alex? ¿Dónde estás? —preguntó Eric.

—Estoy en el hospital, soy un niño pequeño y me siento solo, me siento triste. Echo de menos a mis padres, echo de menos mi casa, no quiero estar aquí —empecé a sollozar un poco—. Me siento atrapado aquí, no puedo jugar como quiero. Mientras estaba tumbado sintiéndome como mi pequeño, sucedió. De la nada, me invadió el fuego. Flujos horizontales de lava se precipitaron por todo mi CuerpoMenteEspacioInterior y más allá. Estaba expuesto a un extenso río de fuego sobre mi cabeza y bajo mis pies, rodeando todo mi cuerpo. Era intenso. Estas olas de fuego corrían por todo mi cuerpo. Tardó entre tres y cinco minutos en detenerse y, en ese breve lapso de tiempo, las olas siguieron empujando en una dirección y luego en otra. Yo era un río de fuego. Estaba atónito.

Solo podía aguantar la tensión energética gracias a las sesiones de las últimas seis semanas que había tenido con Eric. No tenía miedo, pero me encontraba en el país de las maravillas, no con Alicia, sino en mi propio mundo mágico de maravillas. Y entonces, empecé a vomitar, no físicamente, sino energéticamente.

Empecé a oler la medicación que me habían dado de niño para bajar la fiebre. Empecé a oler la medicina en todo mi CuerpoMenteEspacioInterior. Vomité el olor y la toxicidad. Sentí como si la toxicidad estuviera almacenada en lo más profundo de mi cuerpo y el fuego actuara como un principio de limpieza y purificación. Estas ondas también penetraron profundamente en mi piel. Sentí que el fuego lavaba diferentes capas de mi piel. También sentí ondas de fuego que se precipitaban sobre mi cabeza y dentro de ella, abriendo nuevos canales.

—Soy fuego, veo paredes de fuego, se precipitan por todo mi cuerpo y más allá. Estoy sudando por todas partes. Es tan intenso que no sé si podré aguantar mucho más —dije.

Una vez que la sesión llegó a su fin y pude repasar lo que acababa de sucederme, me quedé asombrado de cómo había experimentado las sensaciones de mi yo de tres años, atrapado en el hospital con fiebre alta. La sensación de toxicidad, el calor extremo, el olor de la medicación vomitada. Me quedé perplejo ante el grado en que esto se había presentado. Ahora tenía claro que algo había ido muy mal en aquel hospital. Ahora entendía mucho más sobre mi infancia y me sentía más liberado con esta nueva comprensión. Pero tres horas más tarde comenzó un episodio totalmente nuevo. Mi piel volvió a arder. Empecé a tener fiebre. Me empezó a picar la piel y todas las zonas por encima del ombligo se llenaron de psoriasis. La cara, el cuello, los hombros, el pecho, la espalda y los brazos me picaban y estaban cubiertos de psoriasis roja, seca y grave.

Me sentía totalmente incrédulo ante esta nueva etapa. Acababa de salir de una depresión no hacía mucho, ¿y ahora tenía un brote de psoriasis en todo el cuerpo?

Llamé a mi seguro médico y me dijeron que fuera directamente al hospital para que me hicieran un chequeo. Me cubrí la piel y el cuello con un jersey de manga larga, pero no pude ocultar mi cara, que también estaba ardiendo, con picores, enrojecida, seca e irritada. Me asaltaron los recuerdos del pasado, cuando me avergonzaba de que la gente viera mi piel afectada, e intenté no mirar a nadie a los ojos. Hice todo lo posible por esconderme y cogí un taxi al hospital, con la cabeza gacha. Me quité el jersey de cuello alto para enseñárselo al médico y pude ver cómo se le abrían los ojos de preocupación al ver el alcance de mi afección. Me preguntó qué había pasado.

—Acababa de recibir una sesión de terapia y unas oleadas de fuego me recorrían todo el cuerpo —le expliqué.

Me miró como si estuviera loco:

—Perdone, ¿qué ha pasado exactamente?

Intenté explicarle:

—Estaba tumbado, relajándome, y de repente me ha inundado una lluvia de fuego, incluso he vomitado —añadí.

Seguía mirándome como si estuviera loco. En ese momento, me di cuenta de que él no había experimentado este tipo de trabajo interior y en mi estado febril, perturbado, no encontré una forma mejor de explicárselo. Me instó a actuar de inmediato y me recetó corticosteroides.

—¿Qué tipo de medicamento es? ¿Es oral o tópico? —le pregunté.

—Es un antiinflamatorio que se aplica sobre la piel —me dijo.

—¿Hay alguna otra forma de tratarme? Ya he utilizado muchas cremas con corticoides en el pasado y a la larga no me ayudaron. Incluso empeoraron las cosas —le contesté.

Estaba decidido a que siguiera sus consejos:

—Tienes que usar este medicamento inmediatamente porque casi todo tu cuerpo está afectado —me dijo.

Tomé la receta y, antes de salir de su consulta, me preguntó si me importaría que hiciera algunas fotos para su investigación.

—Es solo para fines internos —me explicó.

—Sí, me parece bien —le dije.

Me hizo una serie de fotos (de frente, de lado, de espaldas) y me dijo que volviera en una semana para ver cómo me iba.

Cuando salí del hospital, estaba seguro de que no iría a la farmacia a comprar el medicamento. Me había decepcionado durante más de quince años probando todo tipo de pastillas y cremas sin ninguna mejora a largo plazo.

Me fui a casa reflexionando sobre qué hacer a continuación, y entonces se me ocurrió una idea. En los últimos años había estado rodeado de profesores de educación Rudolf Steiner y había conocido a algunos médicos formados en medicina antroposófica, un sistema médico integrador que incorpora un enfoque holístico del cuerpo, la mente y el espíritu.

Llamé a uno de estos médicos, le expliqué mi problema y concerté una cita para el día siguiente. Este médico entendió mi lenguaje de fuego e incluso se rio cuando le conté la historia con el médico del hospital. Me dio algunos remedios homeopáticos y me dijo que me cuidara la piel con mucho aloe vera.

—Consiga la planta entera si puede o cómprela lo más pura posible.

Salí de su consulta con esperanza y la sensación de que me cuidaba. Fui a comprar una planta de aloe vera y empecé a aplicármela en la piel. Me hacía sentir bien, me calmaba y me nutría.

Dormir por la noche era un reto porque me picaba toda la piel. Tenía que llevar guantes para no arañarme durante la noche y provocar un sangrado. Antes de acostarme, me concentraba en «no rascarme mientras duermo».

Era como programar mi subconsciente. Incluso así, no conseguía dormir más de tres horas antes de despertarme de nuevo con la sensación de estar ardiendo y de que me picaba todo el cuerpo. La mejor opción en ese momento era levantarme y coger el aloe vera, masajeando suavemente mi piel sin frotar demasiado fuerte.

Después de dos semanas así, quise recibir otra sesión CuerpoMenteEspacioInterior de Eric para ver si surgía alguna nueva percepción. La experiencia me dejó atónito. Al sentir la fiebre, volví de nuevo a mi infancia. Lo que vi me dejó sin habla durante un rato. Me había vuelto adicto al medicamento que tomaba. Lo ansiaba. No me hacía ningún bien. Sentí cómo la medicina espesaba mi fuerza vital. La fuerza vital, cuya naturaleza es fluida, se había vuelto espesa y estaba atascada por toda la toxicidad medicinal en mi cuerpo y mente.

Volví a vomitar energéticamente el sabor tóxico de mi cuerpo. Era intenso. Sentí ese olor que me llevó de vuelta a mi infancia, a los momentos en los que ansiaba y buscaba medicinas en el armario de mi madre. Cuanto más lo vomitaba, más empezaba a regresar mi fuerza vital, a fluir de algún modo mejor, a fluidificarse de nuevo.

Después de la sesión, llamé a mi madre para saber más:

—Mamá, ¿te dieron los médicos medicinas para mí después de la fiebre en el hospital?

Se quedó pensativa un rato y luego contestó:

—Sí, me las dieron. Me dijeron que, si volvía la fiebre, te diera la medicina. Era una especie de líquido.

—¿Tuve más brotes de fiebre en casa?

—Sí, los tuviste. No tan intensos, pero cada vez que subía la temperatura, te daba un vasito.

—¿Y durante cuánto tiempo me diste esa medicina?

—Yo diría que durante algunos años.

Me quedé de piedra al escuchar toda esta nueva información de mi madre, que ya había recreado de forma tan explícita en la sesión. Me hizo pensar en todos los medicamentos que se recetan a los pacientes y en los efectos que podrían estar teniendo. ¿Acaso los medicamentos que se administran a las personas no se eliminan a un nivel más profundo, creando posiblemente enfermedades o incluso adicciones, más adelante en sus vidas?

La fiebre y la inflamación duraron un total de diez semanas. Tuve que armarme de paciencia para soportar mi piel inflamada, con picores, y esa sensación de estar ardiendo, con una fiebre que no remitía. Por el lado bueno, encontré paciencia en mi interior y descubrí que tenía mucho dinamismo, fuerza y voluntad. El fuego me dio fuerzas, así que cuando me despertaba a las tres de la mañana sin poder dormir, salí a dar un largo paseo de tres horas hasta el amanecer. Después de la caminata, volvía a la cama a primera hora de la mañana, agotado y listo para dormirme. Este periodo de caminata nocturna, inició en mi vida un nuevo hábito que hasta hoy me sigue siendo útil cuando tengo demasiada energía para dormir.

Después de diez semanas sintiéndome como un volcán, siendo tremendamente paciente y confiando en el proceso natural de sanación, hubo un momento durante mi sueño nocturno en el que sentí un *clic*. Estaba en un sueño profundo, pero de alguna manera, también era sutilmente consciente. El *clic* estaba relacionado con el fuego. Cesó. En ese momento sutil, mientras aún dormía, sentí gratitud y me di cuenta de que podía dormir un poco más. Cuando me desperté por la mañana, la fiebre había desaparecido por fin y, al cabo de tres días, toda mi psoriasis había desaparecido para siempre.

Se había producido una sanación profunda. El fuego como principio de purificación. Sí, había desaparecido para siempre. Por fin comprendí que Rudolf Steiner, el fundador de la medicina antroposófica, enseñase el principio del fuego. Según él, hay varios estados de desarrollo desde la infancia hasta la adolescencia en los que ciertas fuerzas espirituales encarnan y se introducen en el ser humano, aportando más fuego a todo su sistema. Esa es una de las razones por las que las fiebres, desde una perspectiva espiritual, se consideran beneficiosas para un crecimiento sano y no algo que hay que matar con medicamentos. Este sutil pero potente fuego alquímico interior es espiritual en esencia. Este fuego había purificado las capas profundas de mi piel y me había hecho más fuerte, más seguro de mí mismo, más vital, menos cansado. También había mejorado mi claridad mental.

Por fin me he sanado de la psoriasis, una enfermedad que la ciencia médica estándar clasifica, en gran medida, como incurable, solo controlable con medicamentos y cremas. Incluso el origen de la enfermedad sigue siendo desconocido a día de hoy. El origen de mis problemas de piel fue la represión de mi fuerza vital de fuego en los primeros años de vida. Mi fuego fue bloqueado por traumas y medicamentos que hicieron estragos en mi sistema con el paso del tiempo. Mi olla a presión interna hirvió, y esto, con el tiempo, se manifestó en enfermedades psicosomáticas.

¿Por qué tuve que pasar por todos estos momentos y experiencias difíciles? ¿Es este el viaje del héroe para enfrentarse a enemigos, cuentos y todo tipo de pruebas? ¿Se trata de aguantar, de no rendirse nunca, de volver a ponerse en pie después de caerse, de seguir caminando?

¿Y por qué algunas personas siguen adelante para abandonar el mundo ordinario, aventurarse en lo desconocido, conocer a su mentor, enfrentarse a todas las pruebas y dificultades y volver a casa victoriosas, mientras que otras abandonan ese camino? Estas preguntas siguen rondando mi mente después de muchos años.

CAPÍTULO 19

UNA NUEVA LÍNEA TEMPORAL

Aún en 2012, con 42 años

Samuel Sagan me tendió la mano un día. Me llevó aparte y fuimos a dar un paseo por el nuevo centro de retiro situado en las colinas de California. No me esperaba esta conversación con él, ni la atención individual que parecía dispuesto a ofrecerme. Me preguntó qué me gustaría hacer en la vida.

— Es una buena pregunta y he estado pensando en tres posibilidades diferentes. Una es ser profesor, porque creo que una buena educación es la clave de muchas cosas. Otra es estudiar medicina ayurvédica en la India. Por otro lado, también me encanta todo el trabajo del Espacio Interior.

Se interesó por mis ideas y también me preguntó si alguna vez me había planteado trabajar con las matemáticas.

— Ufff, no estoy seguro. Por un lado, me encantan porque puedo pasar mucho tiempo centrado en la resolución de problemas, pero por otro, en la escuela no obtuve grandes resultados en matemáticas. Preferiría ayudar a la gente a superar sus propios problemas de salud.

Me sorprendió su pregunta sobre las matemáticas. ¿Qué veía en mí?

Samuel me indicó que, para seguir con el trabajo del Espacio Interior y ayudar a otras personas como practicante del Espacio Interior, sería muy aconsejable que estudiara algún tipo de psicología o psicoterapia para ser un terapeuta profesional cualificado.

Me sentí muy honrado por sus palabras, su perspicacia y su profundo interés por mi futuro.

— Buscaré diferentes opciones una vez de vuelta en España y veré qué rama de la psicología o la psicoterapia me interesa más. Muchas gracias por tus consejos, Samuel.

Nuestro paseo llegó a su fin, y su último consejo fue que si elegía este camino, estaría rodeado de muchos otros practicantes que podrían ayudarme con la supervisión y en la creación de mi consulta.

Después de esa charla, me sentí profundamente cuidado por Samuel, sobre todo como padre y mentor. Era consciente de lo mucho que me gustaba ser el «dador» en las sesiones individuales, ayudando a otros alumnos y alumnas a profundizar, a estar más despiertos y despiertas y a sanar su pasado. Pero convertirme en profesional... ¡sentía que era otra liga! Aún me hacía sentir pequeño.

Unos veinte años antes, en una conversación con mi amigo Tom, mi voz interior me decía que estudiara psicología, y ahora, mi camino parecía dirigirse de nuevo en esa dirección. ¿Cómo es posible? ¿No es mágico? Por un lado, me resultaba increíble el giro que estaba dando la vida y, por otro, cuántas veces no había escuchado esa voz interior.

¿Estaba demasiado desconectado o absorto en mis problemas como para no seguir esa voz interior? ¿Qué se puede hacer para cultivarla? Me surgían varias preguntas a este respecto: ¿Todo el mundo tiene esa voz interior? ¿Y por qué apareció la mía cuando menos lo esperaba?

Una vez que nos escuchamos sinceramente y en profundidad, hay tanto misterio... Misterio que no se puede comprender con una mente intelectual y analítica. Como dijo Rumi: «Vende tu inteligencia y compra desconcierto».

Cuanto más crecía en mi Espacio Interior de consciencia, más crecía también el desconcierto. Me encanta Rumi. Sus experiencias y su poesía resuenan profundamente en mí.

Una nueva línea de tiempo se abrió para mí gracias a Samuel Sagan y su metodología. Dejé Ibiza y me trasladé a la vibrante capital de Madrid, donde empecé a formarme en Psicoterapia Humanista, abrí mi consulta para atender a clientes y empecé a vivir un estilo de vida totalmente nuevo. Fue un nuevo comienzo para mí, a mis cuarenta y pocos años.

De nuevo, me di cuenta de la necesidad de dejarlo todo, incluido mi negocio, que funcionaba bien pero no me daba más satisfacciones en otros aspectos. Quería ayudar a la gente a un nivel más profundo. Y, en el fondo, sabía que podía comenzar de nuevo.

CAPÍTULO 20

Migraña y Dolor Crónico

Año 2016, 46 años

El tema de la migraña no me molestaba tanto como el problema de la piel, que era continuo y siempre traía consigo emociones de vergüenza, timidez y ganas de esconderme. El dolor de migraña solo surgía una vez al mes durante uno o dos días. Antes de los treinta tomaba tranquilizantes, pero más tarde comprendí que el dolor era en realidad un mensajero que intentaba decirme algo. Tardé muchos años en descifrar el mensaje y encontrar la solución definitiva.

El dolor de cabeza era tan intenso que no podía hablar con nadie, tenía que estar solo y en completo silencio. Tumbarme tampoco me funcionaba, solo agravaba mi estado. Lo que sí parecía ayudarme era caminar despacio y en silencio por un parque o en algún lugar de la naturaleza. Había noches en las que caminaba de cuatro a seis horas en la oscuridad, hasta que estaba tan cansado que, en cuanto me volvía a tumbar, me quedaba profundamente dormido. Después me despertaba y el dolor había desaparecido. Sin embargo, esos momentos de intenso dolor me parecían una tortura.

En una ocasión pedí ayuda a otro practicante formado por Samuel Sagan, llamado Carl, que tenía un hueco libre por la tarde.

—Hola Carl, tengo una fuerte migraña y necesito que alguien me sostenga, ¿estás libre? —le pregunté.

—Por supuesto, Alex. ¿Te pasa esto a menudo? —preguntó Carl.

—No, solo una vez al mes o así, pero es insoportable. Gracias por tu ayuda —le dije.

Como al tumbarme el dolor empeoraba, estaba agonizando. Al cabo de media hora, no podía soportarlo más.

—Es demasiado, no puedo soportar más el dolor —dije.

—Estoy contigo Alex. A ver si puedes caer a través del dolor o expandirte más allá del dolor... o ver qué hay en el dolor —sugirió Carl.

El dolor era demasiado intenso. La sesión continuó y el dolor seguía aumentando. Empezó a extenderse hasta la zona lumbar. Empecé a pedir ayuda:

—Por favor, ayuda, por favor, ayuda, por favor, ayuda. No puedo más, por favor, ayuda.

Y entonces, sucedió.

Entré en otro espacio, otro tiempo, otro cuerpo.

—Estoy atado en un sótano y están torturando a gente a mi alrededor. Es horrible lo que estoy viendo —le dije a Carl.

Empecé a llorar ante la brutalidad de lo que me rodeaba.

—Esto es demasiado. Es la Iglesia, es la Inquisición. Nos están torturando porque llevamos demasiada luz y amor en el alma. ¡¿Por qué, por qué, por qué están haciendo esto!? —grité en voz alta.

La misión de los inquisidores era cortar nuestros lazos con la luz. Y entonces llegó mi turno. Me ataron en una de las mesas de tortura.

—¡Es demasiado! No quiero romperme. Yo soy la luz. ¡No voy a renunciar a mi creencia! ¡¡¡Aaaaaaaaaahhhhh!!!

Gritaba, lloraba, suplicaba que pararan, rezaba para que se acabara:

—¡¡¡Por favor, no!!! ¿¡Por qué hacéis esto!?

Al final, me destrozaron como a todos los demás, en aquel sótano frío y oscuro. Pero para mi sorpresa, en ese momento de morir, una luz poderosa vino a rescatarme. Estaba por encima de mi cuerpo. Me vi yaciendo muerto sobre la mesa, igual que Anita Moorjani en su libro *Morir para ser yo*.

No solo estaba teniendo una experiencia cercana a la muerte, sino también una experiencia de vida pasada. Una luz poderosa estaba presente, con todo su cuidado y amor, para calmar el doloroso acontecimiento. Yo era esta luz. Este conocimiento de luz me decía que dejara ir el dolor traumático y la tortura, y me mostraba la ignorancia de nuestros perpetradores.

En ese preciso momento, tomé una decisión que afectó a todo el curso de mi alma hasta el día de hoy. Decidí, en futuras reencarnaciones, no brillar con esta luz. Era demasiado para soportarlo. Sabía que la luz estaba ahí para llevarme de vuelta al cielo, a la paz y a la comprensión. Pero sentí que era demasiado dolor para cargar. Esta decisión de empequeñecerme y dejar de ser visto creó un comportamiento condicionado, un carácter determinado, una máscara que afectó a toda mi vida. Me hice pequeño y no quise que me vieran como un rayo de luz. Como dicen: «Cuando te haces pequeño, careces de integridad». Me di cuenta de que el siguiente paso importante que debía dar era analizar y tratar esta pequeñez en las sesiones de terapia.

En el libro de Samuel Sagan sobre la regresión —*Past-life Therapy for Here and Now Freedom*—, documenta a través de muchos estudios de casos de sus clientes, cómo los recuerdos de vidas pasadas son una experiencia muy común una vez que las personas entran en contacto con el Espacio Interior del tercer ojo. El tercer ojo tiene un mecanismo de penetración en reinos más profundos de la consciencia, hacia nuestro yo superior. Al ser capaces de acceder a una mayor profundidad, los recuerdos en el plano astral de vidas pasadas se hacen presentes para sanar las heridas profundas en el fondo de nuestra psique.

Durante los treinta minutos siguientes de mi sesión CuerpoMenteEspacioInterior me bañé en esa luz. Fue una apertura hacia el abandono del cuerpo, hacia la comprensión de que la muerte no existe y de que no hay nada que temer cuando llegue el momento de dejar atrás este mundo físico. Mi tercer ojo espiritual interior estaba muy abierto, absorbiendo este conocimiento.

En esta sutil pero poderosa experiencia directa, comprendí el mecanismo del dolor crónico, mi migraña y problemas como la rigidez, la fibromialgia y la artritis en general. Me estaba aferrando a ese dolor, un aferramiento mental debido a huellas traumáticas del pasado en mi psique y mi cuerpo. En todos estos años no pude soltarlo, debido a mi rigidez mental inconsciente. Cuanto más sentía esta poderosa luz en mi CuerpoMenteEspacioInterior, más se suavizaba y aliviaba el intenso dolor en mi cabeza y en mi región lumbar.

Después de esa sesión con Carl, me liberé de mis migrañas mensuales y también del dolor crónico en la zona lumbar. Me sentí extremadamente agradecido por haber visto cómo podía curarse otra enfermedad psicosomática, y cómo funciona la consciencia haciéndose cada vez más sutil.

Muchos años después, cuando leí el libro *Becoming Supernatural* del Dr. Joe Dispenza, me di cuenta de que él también había tenido una experiencia similar en su vida pasada. Llevaba la luz como filósofo en la antigua Grecia, viajando y compartiendo este conocimiento de la libertad con la gente. Fue arrestado, juzgado y torturado delante de la multitud. Al final fue derrotado, encarcelado en un sótano y, aunque finalmente fue liberado, perdió su camino y sus enseñanzas, se escondió en la vergüenza y la soledad. Es inspirador leer historias de científicos que relatan sus experiencias espirituales y el impacto que tienen en términos de curación, bienestar y vuelta a la plenitud.

Por su parte, el libro escrito en 1998 por el Dalai Lama y el psiquiatra occidental Howard Cutler (*El arte de la felicidad*) habla de la complejidad de la mente humana, tanto en los sistemas orientales como en los occidentales. Cutler preguntó el punto de vista de su santidad sobre una mujer con un comportamiento destructivo y pensamientos negativos. El Dalai Lama respondió:

Hay que tener en cuenta muchos factores. Por ejemplo, la psicología occidental no tiene en cuenta las acciones kármicas y las huellas de vidas pasadas en la psique. En el mundo occidental no existe una educación escolar o plan de estudios que enseñe la bondad, la compasión y la felicidad. La psicología occidental sólo tiene en cuenta el cerebro y su desequilibrio químico al considerar la mayoría de los trastornos mentales, lo cual es una perspectiva muy limitante del potencial humano.

El potencial humano es inmenso. Hay muchas direcciones en la vida para buscarlo. Leer literatura de grandes autores nos ayuda a abrir la mente, inspirarnos y ver nuevas posibilidades. Por otro lado, tener experiencias directas de estos distintos niveles sutiles de consciencia del potencial humano en lo más profundo del cuerpo y la mente puede cambiarlo todo.

CAPÍTULO 21

CONOCIMIENTO, PODER Y ALEGRÍA

Aquí, ahora

Este viaje interior ha sido una odisea larga y profunda, un viaje desde una mente caótica, estresada y neurótica a un estado de paz interior.

De un corazón cerrado a uno rebosante de compasión y gratitud.

De un vientre disfuncional, frío y sin vida a uno habitado por el fuego y la vivacidad.

De una sensación general de derrota —al empequeñerme— a la victoria, donde puedo brillar con confianza y humildad.

De la fragmentación que implicaba una multiplicidad de subpersonalidades diferentes a la totalidad de un ser.

De la tristeza a la alegría y la felicidad.

De la enfermedad y el dolor al bienestar, a todos los niveles.

De la ignorancia al conocimiento y la sabiduría.

Estoy eternamente agradecido por haber pasado por la violencia con mi padre y en la escuela, con los bullies y el profesor, por haber sufrido todas las enfermedades psicosomáticas y dificultades en mi vida con mi madre y en las relaciones pasadas. Todos estos problemas estaban ahí para animarme a emprender un viaje que todo ser humano lleva muy dentro y que, tarde o temprano, tiene que emprender también. Es el viaje del héroe, de la heroína. Todos nuestros problemas están ahí para ser superados de un modo u otro. En cada ser humano hay una fuerza motriz que quiere ser feliz, estar alegre, estar sano, estar en paz. Se trata de escuchar, en lo más profundo de nuestro ser, de encontrar el silencio y tomarse tiempo libre, invertir en ti, encontrar al guía o mentor adecuado y no rendirse nunca.

En primer lugar, busqué la felicidad y la plenitud en el exterior. No eran más que placeres mundanos y externos, como se ve en toda la publicidad y las estrategias de marketing. Compra y sé feliz; bebe y sé feliz; viaja y sé feliz. Esta ilusión me acompañó hasta la treintena, junto con el consumo de drogas. Esta búsqueda inauténtica de la felicidad me llevó a la depresión, la enfermedad, el dolor y la desesperación. Gracias a mi colapso en aquella pista de baile y a abrirme a nuevas personas, nuevos métodos y nuevas ideas, descubrí el camino del alquimista y del héroe interiores.

Viví el viaje interior desde muchos ángulos. Comprendí paso a paso el proceso necesario para sanar, despertar y transformarse como ser humano. Estos profundos quince años de ir hacia dentro, haciendo más de diez mil prácticas CuerpoMenteEspacioInterior cada vez que tenía tiempo libre, me han dado una profunda comprensión de lo que se necesita para ayudar a las demás personas a embarcarse en su propio viaje.

A través de todas las experiencias directas —en sesiones privadas y en mis propias prácticas individuales de meditación—, comprendí a un nivel profundo que hay dos fuerzas opuestas de la consciencia que afectan al cuerpo y a la mente al mismo tiempo: una es la de controlar, aferrarse y no soltar (lo que, con el tiempo, puede conducir a enfermedades psicosomáticas y a otras formas de conflicto y oscuridad, incluso a la guerra) y la otra fuerza lo es de la rendición y la apertura. Esta fuerza es la de soltar cualquier tensión, dolor y aferramiento mental, tiende a la apertura y el desprendimiento del dolor, del sufrimiento y de la enfermedad, lo que se produjo, en mi caso, cuanto más me relajaba en mi Espacio Interior cuerpomente. Curiosamente, cuanto más me relajaba, más se expandía mi consciencia más allá de mi cuerpo físico. En esta fuerza de entrega, apertura, relajación y desprendimiento, me convertí en un ciudadano del mundo y no en un ciudadano alemán. Me convertí en multicultural. La cultura, la raza o la religión no eran el principal asunto, yo simplemente pertenecía a este mundo. Una completa liberación de prejuicios.

Crecí en empatía, sintiendo las emociones, el sufrimiento y el dolor de las demás personas. Me volví humilde y mi vida empezó a ser maravillosamente sencilla. La sencillez como fuerza y estado del ser en el mundo. Necesitaba menos en mi vida y eso me aportó mucho tiempo extra, tiempo de calidad. Me volví más y más sutil y había un poder increíble en ello. Un poder que estaba sostenido por la luz y la integridad. Lo sutil gobierna lo denso, lo físico. Cuanto más pueda cada ser humano experimentar directamente esas dimensiones sutiles del ser, la entrega y el dejar ir, más podremos crecer como humanidad hacia la paz, la aceptación, la inclusión y el bienestar.

Este nuevo poder ahora está siempre presente. Lo vivo y lo comparto especialmente durante las sesiones privadas y en mis retiros de meditación con mis clientes.

En el verano de 2022 en España (durante la escritura de este libro), dirigí un retiro de meditación en el cual hubo un profundo silencio en la sala. Entonces, sucedió de nuevo: el ángel hizo otra aparición. Lo sentí primero en la profundidad de mi corazón, tocando un punto de extrema vulnerabilidad. Empecé a llorar de gratitud, en silencio. La experiencia me conmovió. De nuevo, sentí la presencia del ángel y sus alas. Pero esta vez, el ángel hizo notar su presencia también a los demás presentes en la sala.

Abrí los ojos brevemente para ver cómo se las arreglaban los participantes. Algunos también lloraban. Pude sentir hasta qué punto el ángel penetró en ellos y ellas con su amor, su mensaje de cariño y su poder. El ángel permaneció con nosotros y nosotras entre diez y veinte minutos más, tocándonos profundamente.

Esta vez la presencia del ángel me otorgó más voltaje y poder, así como un nuevo mensaje: «Alex, este es el verdadero poder que estás sosteniendo en este momento, y este poder necesita ser sostenido con el más alto nivel de integridad y aspiración». En ese momento, vi lo fácil que podía ser hacer mal uso de este poder para mi pequeño ego auto-inflado, mientras que, por otro lado, había llegado el momento adecuado para que yo hiciera brillar este poder con mi alegría, y para dárselo a la gente.

Era el momento de mostrarme a mí mismo, brillando con la luz, estando presente en la vida y anclado en mi CuerpoMenteEspacioInterior. En ese momento hubo absoluta claridad mental, un estado sereno de visión y la experiencia de ser un instrumento tocado por jerarquías espirituales.

Doy, doy, doy.

Ya no se trataba de mí y de mis experiencias y mi dolor, sino de facilitar aperturas para las demás personas, ayudarles a ver y a experimentar por sí mismas. Poder, Conocimiento y Alegría, las tres fuerzas sentidas como una sola.

• *El arte del poder*, de Thich Nhat Hanh:

> *Nuestra sociedad se basa en una definición muy limitada del poder: la riqueza, el éxito profesional, la fama, la fuerza física, el poder militar y el control político..., pero hay otro tipo de poder, un poder mayor: el poder de ser feliz justo en el momento presente, libre de adicción, miedo, desesperación, discriminación, ira y la ignorancia... Este poder es el derecho de nacimiento de todo ser humano, sea célebre o desconocido, rico o pobre, fuerte o débil...*

¿Están nuestra sociedad y nuestra educación ayudándonos a crecer en ese poder real, lleno de felicidad, creatividad, bienestar, inclusión, compasión y paz?

¿Es hora de que nuestra sociedad abandone el viejo paradigma de la educación y se abra a nuevos modelos, como nos ha dicho tantas veces sir Ken Robinson?

A nivel individual, ¿qué puedes hacer para abrirte a estas experiencias que yacen en lo más profundo de tu psique y de tu cuerpo (CuerpoMenteEspacioInterior)?

¿Anhelas un mentor que te guíe en ese camino?

¿Cómo puedes encontrar esos grandes mentores y guías que resuenan contigo?

Preguntas que surgen del corazón de todo ser humano una vez que escarba un poco más profundo.

CAPÍTULO 22

INMORTALIDAD

Por fin superé mi dolor crónico, la migraña, la depresión, la psoriasis, la vergüenza, la timidez, la pequeñez y los problemas de intimidad. Fue un largo viaje de sanación, comprensión y maduración. Mi fuerza motriz desde la pubertad fue la búsqueda de la sanación y la comprensión del origen de estos problemas de primera mano.

Ahora mi fuerza motriz es doble. Un aspecto de la misma es ayudar a otras personas en sus aventuras hacia la consciencia para encontrar la sanación, para alcanzar una comprensión más profunda y reconectar con una dimensión superior del ser. Esta es la etapa final del viaje del héroe (de cada ser humano): volver al mundo ordinario con todo su nuevo conocimiento y transformación interior para ayudar a otros seres humanos a encontrar su luz, integridad y bienestar. La otra fuerza impulsora o dirección que tengo ahora es alcanzar el estado de consciencia como lo hizo Paramahansa Yogananda al final de su vida física.

Considero que Yogananda era un ser plenamente realizado espiritualmente y, dos semanas antes de su muerte, comunicó a sus seguidores y seguidoras más cercanos su inminente partida a los reinos celestiales. Invitó a sus amistades y aprendices a una fiesta de despedida el día en que abandonaría su cuerpo conscientemente. Llegó el día, celebraron un gran banquete y después pronunció su último discurso, subió a su habitación y abandonó su cuerpo para siempre. Incluso dos semanas después de su muerte, su cuerpo físico no mostraba signos de deterioro, según todos los exámenes médicos. La ciencia no podía entender lo que estaba ocurriendo. Todo esto está documentado en su libro *La autobiografía de un yogui*, que recomiendo encarecidamente.

Así que mi segunda fuerza motriz es llegar a ser capaz de abandonar mi cuerpo conscientemente como hizo Yogananda. Me encantaría invitar a mis amistades el último día de esta encarnación, celebrar una fiesta de despedida, ofrecerles mi gratitud y, luego, desaparecer en mi habitación para abandonar mi cuerpo en estado meditativo.

Tuve lo que creo que es una experiencia parecida unos años antes, pero entonces estaba rodeado de miedo. Fue poco después de mi primer encuentro con Samuel Sagan, cuando había empezado la meditación del tercer ojo. Estaba meditando en mi casa de Ibiza con un amigo íntimo. De repente, salí de mi cuerpo y me elevé hacia el cielo. Estaba consciente... Veía mi casa desde arriba, a unos trescientos metros de altura, y tenía una vista de trescientos sesenta grados de las montañas, el mar y el casco antiguo de Ibiza.

Por un lado, lo que estaba pasando era increíble. Por otro lado, el miedo pataleaba al estar tan alto en el cielo. En ese milisegundo que sentí el miedo, me metí de nuevo en mi cuerpo y mis ojos se abrieron de par en par. Estaba temblando de miedo, pero también asombrado por lo que acababa de ocurrir. Quise volver a subir, intenté cerrar los ojos, pero ya no sucedía. Comprendí que eran mis niveles de miedo los que bloqueaban este tipo de experiencia. Así que sigo entrenándome en reinos de consciencia cada vez más sutiles, para estar preparado cuando llegue el día de mi gran viaje y despegue hacia los reinos celestiales.

Me ha llevado muchos años y muchísimas sesiones alcanzar un cierto nivel de madurez, profundizando en el dolor, liberando el sufrimiento y abriéndome a la sanación. En mi humilde opinión, no hay atajos cuando se trata de aventurarse en la consciencia.

Lo que me gustaría transmitir aquí, en este libro, es que lleva tiempo crecer, madurar, sanar, comprender, superar, ser y dejar ir. Es un proceso gradual, acumulativo y personal en el que las experiencias profundas solo se presentarán cuando la persona esté preparada y sea capaz de beneficiarse de ellas.

Ir hacia el interior es el viaje más fascinante de toda una vida. Estoy aquí para ayudar y guiar a las personas hacia reinos más sutiles de la consciencia y hacia un nuevo mundo de posibilidades.

- Yogananda: *La búsqueda eterna del hombre: Collected Talks and Ensayos sobre la realización de Dios en la vida cotidiana* – Volumen 1:

> *La vida está llena de tragedia y comedia, un caleidoscopio de infinita variedad. No hay dos cosas iguales. La vida de cada uno es individual. Cada persona tiene un rostro distinto, una mente y unos deseos diferentes.*

Nos aburriríamos si tuviéramos exactamente las mismas experiencias todos los días; pronto nos cansaríamos de la vida. Si el mismo cielo fuera igual todos los días no lo querríamos. Nos gusta la variedad. La concepción estereotipada del cielo es errónea. Si fuera aburrido, todos los santos rezarían para volver a la Tierra y cambiar un poco. El cielo es algo infinitamente diferente, siempre agradablemente nuevo, mientras que la Tierra es a menudo desagradablemente nueva.

Sin embargo, por muy difícil que sea la vida, la mayoría de la gente se acostumbra a ella y asume que no hay otra forma de vivir. Al no poder comparar esta vida con la vida espiritual, no se dan cuenta de lo dolorosa y aburrida que es la vida terrenal.

Estoy aquí para inspirar, para motivar, para guiar a cada héroe y heroína en su espacio único desconocido para que pueda superar todas las restricciones ocultas y bloqueos en su CuerpoMenteEspacioInterior. Nos merecemos una vida mejor, una sociedad más sana de seres despiertos y una poderosa visión del futuro.

Me gustaría presentar a otro gran héroe, Gilgamesh. Me encontré con él en Australia, mientras paseaba por el campus de la Universidad de Sydney. Fue sobrecogedor ver por primera vez esta poderosa estatua de bronce. Volví a visitarlo muchas veces durante mi estancia en Sydney, parándome frente a esta presencia sobresaliente y sintiendo las palabras que estaban inscritas bajo su estatua: «Se dice que Gilgamesh, rey asirio de Uruk durante el tercer milenio a. C., era en parte dios y en parte hombre. Emprendió la búsqueda de la inmortalidad. Durante su búsqueda, encontró la compasión, la amistad, el valor, el amor y la paz».

Esta búsqueda está al alcance de todos los seres humanos. Gilgamesh lo hizo, yo lo hice, y tú también puedes hacerlo.

SOBRE EL AUTOR

Alex Kroll tiene un máster en sexualidad y terapia de pareja. Estudió psicología, psicoterapia humanista, yoga, y la «Técnica del Espacio Interior» con Samuel Sagan durante dieciséis años. Nació en Alemania y actualmente vive en España, donde nada a diario en el mar Mediterráneo. Organiza retiros de meditación del tercer ojo/corazón e imparte sesiones individuales online

RECURSOS GRATUITOS

- Suscríbete a mi sitio web www.alex-kroll.com para participar en directo conmigo el primer domingo de cada mes (Preguntas y Respuestas) y para estar al día de todas mis conferencias y retiros de meditación, etc.

- Escríbeme a info@alex-kroll.com para cualquier consulta, personal y profesional.

- En mi canal de Youtube puedes acceder a cursos gratuitos, material y prácticas de meditación: @ AlexKrollAdentro

- La Escuela de Meditación Clairvision, en clairvision.

org, es un buen punto de partida para leer las obras de Samuel Sagan.

- Suscríbete en mi canal de Telegram: https://t.me/ meditaconalexkroll para estar en mi círculo más íntimo.

AGRADECIMIENTOS

- A Toni Boucher, autor de *Autism Translated*, mi mentora durante toda la fase de escritura de este libro.

- A Kathryn Andlaw, mi compañera de vida, por ayudarme con el inglés del texto original.

- A Paper Ravens Book y su increíble equipo de profesionales, que me ayudaron en todas las diferentes etapas de la edición, publicación y marketing.

- A Verónica Barceló por el diseño de la portada del libro.

- A Paola Peiro por todas las ilustraciones, únicas y mágicas, de los veintidós capítulos. IG: @ paolistica_artistica

- A Vicky Qamar por la revisión del texto en español.

- A Sol García Prats por la corrección ortotipográfica y de estilo (www.tuhistoriaporescrito.com).

- A Marina Tierno por la revisión de términos médicos.

REFERENCIAS

Alex Grey (Artista)

Altered Traits (Rasgos alterados), de Daniel Goleman y Richard Davidson

Ángeles en mi pelo, de Lorna Byrne

Ashram Sivananda en Kerala, India

Autobiografía de un yogui, de Paramahansa Yogananda

Bhagavad Gita, de Sri Swami Sivananda

Cómo despertar el Tercer Ojo, por Samuel Sagan

Convertirse en superhumano, del Dr. Joe Dispenza

Despertando al Tigre, de Peter Levine

Finding your Element, de Sir Ken Robinson + sus increíbles 3 TED Talks

Gilgamesh, rey asirio de Uruk (estatua de la Universidad de Sydney)

How to Achieve Glowing Health and Vitality (Cómo conseguir una salud y una vitalidad resplandecientes), de Paramahansa Yogananda

Impact Theory, canal de podcast de Tom Bilyeu con Sadhguru

Instituto Mind Life

KT sobre los cuerpos sutiles, de Samuel Sagan

El arte de la felicidad, de Dalai Lama y Howard Cutler

El arte del poder, de Thich Nhat Hanh

El club de las 5 de la mañana, de Robin Sharma

El cuerpo lleva la cuenta, de Bessel van der Kolk

El héroe de las mil caras, de Joseph Campell

El mito de lo normal, de Gabor Maté

"El poder de la vulnerabilidad" (TED Talk), de Brene Brown

El retrato de Dorian Gray, por Oscar Wild

El trauma del desarrollo, de Brigid Walsh

El Universo te cubre las espaldas, de Gabrielle Bernstein

La búsqueda eterna del hombre: Collected Talks and Essays on Realising God in Daily Life – Volume 1, de Paramahansa Yogananda

La enfermedad como camino, de Rüdiger Dahlke

La Playa, película de Danny Boyle

Morir para ser yo, de Anita Moorjani

Osho Ashram en Pune, India

Regresión, terapia de vidas pasadas para la libertad aquí y ahora, de Samuel Sagan

Réquiem por un sueño, película de Darren Aronofsky

Rudolf Steiner, fundador de la medicina antroposófica

Wild Wild Country, de Netflix, sobre la comunidad de Osho

Printed by Amazon Italia Logistica S.r.l.
Torrazza Piemonte (TO), Italy

59329515R00121